PARIS AU XXe SIÈCLE

JULES VERNE

Paris au XXe siècle

ROMAN

PRÉFACE ET ÉTABLISSEMENT DU TEXTE :
PIERO GONDOLO DELLA RIVA

HACHETTE
LE CHERCHE MIDI ÉDITEUR

Illustrations intérieures : François Schuiten.
Documents : Lettre d' Hetzel, Une ville idéale / Collection
Gondolo della Riva, Turin

AVANT-PROPOS DE L'ÉDITEUR

L'œuvre de Jules Verne ne s'est jamais laissé facilement classer. Souhaitait-il au fond s'adresser à un public de jeunes gens ou à des adultes ? Fut-il sincèrement optimiste et confiant dans le progrès jusqu'à ce que les amertumes de l'âge assombrissent ses dernières œuvres ? A-t-il inventé quoi que ce soit des technologies du futur ? Était-il même un écrivain, lui que son éditeur corrigea et rabroua sans répit ?

Lire Jules Verne aujourd'hui

Jules Verne est l'objet aujourd'hui d'une réhabilitation ambiguë. Le poète de *Vingt Mille Lieues sous les mers*, le conteur romantique du *Château des Carpathes* occultent parfois, pour certains critiques, le témoin du progrès scientifique. Pourquoi faudrait-il choisir ? *Paris au XXe siècle* devrait permettre en effet de dépasser ce débat.

À travers les maladresses narratives mineures d'un jeune auteur encore marqué par le dialogue théâtral s'affirme une vigoureuse personnalité d'anticipateur au sens le plus exact, le plus opératoire et le plus contemporain du terme. Sa force vient précisément de savoir ne jamais inventer, mais de prêter au réel une attention aiguë, presque hypnotique, jusqu'à lui faire livrer son secret et révéler ses possibles. Quiconque a retenu avec délectation l'anatomie de l'appareil de Ruhmkorff qu'emportent les voyageurs du centre de la Terre ne prendra plus le métro sans entendre secrètement le chuintement des tubes électro-pneumatiques qui propulsent à douceur le railway de *Paris au XXe siècle*.

L'information scientifique de Jules Verne en 1863 est
précise, récente, et parfaitement maîtrisée. Le moteur des
gaz-cabs n'est pas une vague et mystérieuse énergie. C'est
le moteur à explosion de Lenoir, inventé en 1859, et qui ne
trouvera sa première application à l'automobile qu'avec Daim-
ler en 1889. Le « fac-similé » ne se transmet pas par magie,
mais par le Pantélégraphe Caselli, inventé en 1859. Et,
comme cent trente ans plus tard encore dans certaines pape-
teries industrielles, c'est le procédé de Watt et Burgess, mis
au point en 1851, qui fait en quelques heures d'un tronc
d'arbre une rame de papier.

Alors, bien sûr, les machines peuvent se mettre à rêver,
le tillac du *Léviathan IV* se couvrir d'arbres et de fleurs, et
les cavaliers en fouler les allées gazonnées...

Mais ce ne sont pas seulement les machines que Jules
Verne interroge dans *Paris au xxᵉ siècle*, ce sont la société,
l'argent, la politique et la culture de son temps qu'il projette
dans l'avenir. Sur ce point, jamais Jules Verne ne sera plus
moderne et plus ambitieux : l'affairisme d'État du Second
Empire, scruté sans complaisance, dévore Michel et ses
amis en 1960 autant que le démon de l'électricité, et nous
ne voyons pas que le temps ait tellement donné tort à
l'auteur.

Il faut lire *Paris au xxᵉ siècle*, et relire Jules Verne, pour
se souvenir que ce sont à la fois la raison et la poésie qui
ouvrent les portes du futur.

Un inventaire raisonné de son époque

Roman d'anticipation au plein sens du terme, donc, mais
aussi inventaire raisonné de son époque, *Paris au xxᵉ siècle*
fourmille en effet d'informations savoureuses sur le
xixᵉ siècle. Ces informations, ces notations, ces jugements
méritaient d'être explicités. Nous avons choisi, pour ne pas
surcharger le texte de notes, de présenter en fin d'ouvrage
un ensemble d'éclaircissements regroupés sous le titre
« Jules Verne en son temps ». Ils permettront au lecteur
curieux d'aller plus loin. Quant au texte lui-même, bien que
ce soit manifestement un « premier jet » avec tous les défauts

que cela comporte, il s'agit d'un texte achevé que nous avons respecté au plus près, à la fois dans sa ponctuation (Jules Verne affectionne les points-virgules qui sont autant de scansions ou de respirations) et dans sa présentation.

Véronique BEDIN.

PRÉFACE

L'histoire du manuscrit

so as to speak

Paris au XXᵉ siècle : un titre devenu pour ainsi dire
mythique pour les chercheurs verniens. Un roman de jeunesse de Jules Verne, resté inédit, au sujet très séduisant.
Faute d'un manuscrit et de tout détail sur son contenu, on
aurait pu douter de son existence et il aurait été risqué de
l'inclure dans une bibliographie vernienne si le fils de Jules
Verne n'avait pas pris la précaution de publier la liste des
œuvres inédites de l'écrivain.

En effet, à la mort de Jules Verne, survenue le 24 mars
1905, un des premiers soucis de Michel Verne, très probablement sur le conseil d'Hetzel fils, fut celui de publier le
plus rapidement possible la liste des œuvres inédites laissées
par son père pour éviter d'être accusé, plus tard, d'avoir
écrit lui-même, et de toutes pièces, les textes qui allaient
paraître sous le nom du célèbre écrivain. Dans ce but il
adressa une lettre, datée du 30 avril 1905, au journaliste
Émile Berr, qui avait d'ailleurs connu Jules Verne. Cette
lettre, qui contient la liste détaillée des œuvres inédites de
l'écrivain, fut publiée par *Le Figaro* du 2 mai, *Le Temps* du
3 mai, *Le Mémorial d'Amiens* du 4 mai, *Le Monde élégant*
(de Nice) du 7 mai, *Le Petit Républicain du Midi* (de Nîmes)
du 8 mai, *Le Bien public* (de Gand) du 10 mai, *Le Courrier
Républicain* (de Tours) du 12 mai, *Le Populaire* (de Nantes)
du 14 mai, et quelques journaux manquent peut-être à cette
longue liste !

Le passage de la lettre de Michel Verne qui nous intéresse
est le suivant : « [...] Les œuvres posthumes de mon père

se divisent en trois parties [...] La deuxième partie se
compose de deux ouvrages également antérieurs, selon
toutes probabilités, aux *Voyages extraordinaires*, mais fort
intéressants en ce sens qu'ils semblent en être le prélude.
L'un d'eux est intitulé *Voyage en Angleterre et en Écosse*[1] ;
l'autre, *Paris au vingtième siècle* [...] ».

Les biographes de Jules Verne ont cité souvent ce
deuxième titre sans le connaître directement. Par exemple,
dans la liste des *Œuvres laissées par Jules Verne*, dressée
par Charles Lemire, ami amiénois de l'écrivain, dans son
importante biographie[2], on trouve *Paris au vingtième siècle*
parmi les ouvrages inédits antérieurs à *Cinq Semaines en
ballon*. De même, un grand spécialiste de Jules Verne,
Cornelis Helling, dans le premier numéro du *Bulletin de la
Société de Jules Verne* (nov. 1935) cite *Paris au XXe siècle*
parmi les inédits de Jules Verne.

Les choses en seraient restées là s'il ne m'avait été donné
de découvrir, en 1986, dans les archives privées des héritiers
de l'éditeur Hetzel, le brouillon de la lettre par laquelle ce
dernier manifestait à Jules Verne son refus de publier *Paris
au XXe siècle*. La lettre en question confirmait, une fois pour
toutes, que ce roman avait réellement existé, même s'il avait
disparu, il est vrai, et qu'il ne figurait pas parmi les
manuscrits cédés par la famille Verne à la Ville de Nantes
en 1980.

Retrouvé dans le coffre-fort de Michel Verne, que l'on
croyait vide et dont on avait perdu les clés, il réapparaît
aujourd'hui et jette un jour nouveau sur la totalité de l'œuvre
littéraire de son auteur.

Le refus d'Hetzel

Pierre-Jules Hetzel, dont la capacité de sentir un chef-
d'œuvre est indiscutable (c'est lui qui accepta, seul parmi
tous les éditeurs parisiens consultés par Jules Verne, de
publier *Cinq Semaines en ballon*), refusa *Paris au XXe siècle*
Ses remarques, ses critiques, ses arguments se trouvent dan
les annotations au crayon qui figurent dans les marges d

manuscrit et dans une lettre (dont l'importance est capitale pour la compréhension de son point de vue) qu'il adressa à Verne probablement à la fin de 1863 ou au tout début de l'année suivante. Si la lettre contient un refus formel de publication, les annotations qui figurent dans les marges du manuscrit semblent, dans certains cas, vouloir corriger ou améliorer le texte en vue d'une édition, tandis que, dans d'autres cas, elles témoignent d'une volonté ferme de ne pas le publier. Sans citer d'une manière exhaustive ces remarques d'Hetzel, je me bornerai à indiquer les plus significatives d'entre elles.

Dès la première ligne, Hetzel corrige : il n'apprécie pas les néologismes de Verne. Le titre du premier chapitre (*Société générale de Crédit instructionnel*) suscite la remarque suivante (relative au mot *instructionnel*) : « mot déplaisant – mal fait – surtout pour un début. Il est là comme une barrière. Cela a l'air d'être un mot de Fourier. Éviter au début les néologismes ».

Souvent les remarques de l'éditeur concernent le manque d'intérêt que le manuscrit de Jules Verne présente à ses yeux : « 1er chapitre pas enlevant » ; « ça ne me va pas » ; « pour moi tout cela n'est pas gai » ; « ces trucs-là ne sont pas heureux » ; « je trouve toute cette revue puérile » ; « tout cela sent la charge. La mesure n'y est point, le goût non plus ». Dans un cas, la réaction d'Hetzel est plus forte. Le titre *Boutonne donc ton pantalon*, que Jules Verne donne à une pièce que les employés du « Grand Entrepôt Dramatique » devaient développer, fait dire à l'éditeur, abasourdi, « vous êtes toqué ». Hetzel remarque aussi que Verne utilise trop souvent la formule « il fit » à la place de « il dit » et observe (en parlant du protagoniste Michel) : « il *fait* toujours ! ».

Jusque-là, rien que des remarques qui pourraient faire supposer l'intention de l'éditeur d'améliorer le manuscrit du jeune écrivain. Mais d'autres notes suggèrent plutôt un refus : « Mon cher ami, ces grands dialogues ne sont pas ce que vous croyez. Ils semblent faits exprès, les circonstances ne les comportent pas. Ce procédé est bon dans la main de ... as, dans un livre plein d'aventures. Ici, il fatigue » ;

« C'est du plus petit journalisme tout cela. C'est au-dessous de votre idée. » Et encore : « votre Michel est un dindon avec ses vers. Est-ce qu'il ne peut pas porter des paquets et rester poète ? » ; « J'ai beau faire, toutes ces critiques, toutes ces hypothèses, je ne les crois pas intéressantes » ; « non, non, cela n'est pas réussi. Attendez vingt ans pour faire ce livre. Vous et votre Michel se voulant marier à dix-neuf ans ». Cette dernière phrase fut d'ailleurs prophétique, puisque le fils de Jules Verne, qui s'appelait justement Michel, comme le protagoniste de *Paris au XXᵉ siècle,* se fit émanciper à l'âge de dix-neuf ans pour épouser une actrice ! Une autre remarque d'Hetzel est encore plus tranchante : « on ne croira pas aujourd'hui à votre prophétie » et, ce qui est pire pour un éditeur, « on ne s'y intéressera pas ».

Les marges du manuscrit comportent aussi des annotations de Jules Verne comme « à développer » ou « à détailler », ce qui permet de supposer que, dans un premier temps, il s'était agi de modifier le manuscrit en vue de sa publication.

Toutefois, le refus fut si définitif que Jules Verne n'essaya plus de proposer à Hetzel ce roman. Ce refus fut manifesté par Hetzel dans une lettre non datée qui doit remonter à la fin de 1863 ou au début de 1864. En voici des extraits[3] :

« Mon cher Verne, je donnerais je ne sais quoi pour n'avoir pas à vous écrire aujourd'hui. Vous avez entrepris une tâche impossible – et pas plus que vos devanciers dans des choses analogues – vous n'êtes parvenu à la mener à bien. C'est à cent pieds au-dessous de *Cinq Semaines en ballon.* Si vous vous relisiez dans un an vous seriez d'accord avec moi. C'est du petit journal et sur un sujet qui n'est pas heureux.

Je n'attendais pas une chose parfaite ; je vous redis que je savais que vous essayiez l'infaisable, mais j'attendais mieux. Il n'y a pas là une seule question d'avenir sérieux résolue, pas une critique qui ne ressemble à une charge déjà faite et refaite – et si je m'étonne c'est que vous ayez fait d'entrain et comme poussé par un dieu une chose si pénible, si peu vivante...

[...] Je suis désolé, désolé de ce que je dois vous écrire là – regarderais comme un désastre pour votre nom la publication votre travail. Cela donnerait à croire que le ballon est un heur raccroc. Moi qui ai le *Capitaine Hatteras* je sais que le racc

c'est cette chose manquée au contraire, mais le public ne le saurait
pas [...].

Sur les choses où je me crois compétent – les choses littéraires,
rien de nouveau – vous parlez de ça comme un homme du monde
qui s'en est un peu mêlé – qui a été aux premières représentations,
qui découvre des lieux communs avec satisfaction. Ce n'est ni dans
l'éloge ni dans la critique. Ce qui vaut d'être dit.

Vous n'êtes pas mûr pour ce livre-là, vous le referez dans
vingt ans [...]. Rien ne blesse, ni mes idées, ni mes sentiments là
dedans. C'est la littérature seule qui me blesse – inférieure qu'elle
est à vous-même presqu'à toutes les lignes.

Votre Michel est un serin – les autres ne sont pas drôles – et
souvent sont déplaisants [...].

Ai-je raison, mon cher enfant, de vous traiter en fils, cruellement,
à force de vouloir ce qui vous est bon ?

Cela va-t-il retourner votre cœur contre celui qui ose vous avertir
si durement ?

J'espère que non – et pourtant je sais que je me suis trompé
plus d'une fois sur la force des gens à recevoir un avis vrai [...].

Le manuscrit de cette lettre étant un brouillon conservé
dans les archives privées de l'éditeur Hetzel, personne ne
peut savoir si son texte fut modifié avant d'être envoyé à
Jules Verne. D'ailleurs la réponse de Verne, si réponse il y
eut, est perdue, et il est impossible de connaître ses réactions.
La manière générale dont il accepta, dans la période 1863-
1870, les remarques d'Hetzel[4] me fait penser qu'il dut avaler
bon gré mal gré ce refus sans trop se plaindre.

Comment interpréter aujourd'hui le refus de l'éditeur ? Il
paraît difficile de répondre d'une façon catégorique, puisque
nous disposons de deux éléments qui jouent en faveur du
roman et dont l'éditeur ne disposait pas. D'une part, en effet,
nous savons ce que Jules Verne devint *après* la publication
de *Cinq Semaines en ballon* (et, par conséquent, tous les
éléments du monde vernien déjà présents dans *Paris au
XXe siècle* nous intéressent et nous fascinent au plus haut
point) ; d'autre part, nous connaissons le Paris du XXe siècle
et la comparaison entre la réalité et les intuitions extraordinaires du jeune Verne ne peut manquer de nous étonner.

Toujours est-il qu'Hetzel connaissait très bien son public et
était aussi au courant des tentatives analogues que d'autres
écrivains avaient faites avant Jules Verne (l'éditeur dit dans

une plaisanterie

sa lettre à Verne : « vous avez entrepris une tâche impossible – et pas plus que vos devanciers dans des choses analogues – vous n'êtes parvenu à la mener à bien ». Il ne faut pas oublier que *Paris au XXe siècle* s'adressait à un public adulte et ne se présentait pas comme une boutade comique du genre de celles qu'Albert Robida devait produire quelques années plus tard (*Le Vingtième Siècle, La Vie électrique,* etc.). Les personnages de Verne, dans ce récit, manquent souvent de crédibilité (défaut qui se répétera tout au long de la carrière littéraire de Verne dans certains de ses personnages). Hetzel se vit, probablement, en présence d'un livre qui se voulait vrai, sérieux, voire tragique, mais dont l'auteur semblait manquer, pour une fois, de génie, et qui, en tout état de cause, ne correspondait pas au projet littéraire que l'éditeur formait pour son jeune auteur.

tore

La date de composition

Ainsi qu'on l'a vu plus haut, Michel Verne plaçait la composition de *Paris au XXe siècle* avant la rencontre de son père avec Hetzel. Jules Verne aurait donc proposé, après la publication de *Cinq Semaines en ballon* (17 janvier 1863), un manuscrit écrit précédemment. Or, la lecture attentive d'un passage de la lettre de refus d'Hetzel, lettre qui se situe forcément entre la parution de *Cinq Semaines* (« C'est à cent pieds au-dessous de *Cinq Semaines en ballon* [...] Cela donnerait à croire que le ballon est un heureux raccroc [...] ») et celle des *Voyages et aventures du Capitaine Hatteras* (« Moi qui ai le capitaine Hatteras [...] »), dont la publication débuta le 20 mars 1864 dans le premier numéro du *Magasin d'Éducation et de Récréation* de l'éditeur Hetzel, donne à penser que *Paris au XXe siècle* ne doit pas être un manuscrit antérieur à la rencontre de Verne avec Hetzel. Voici ce passage : « si je m'étonne c'est que vous ayez fait d'entrain et comme poussé par un dieu une chose si pénible, si pe vivante ». Pour qu'Hetzel pût dire : « d'entrain et comm poussé par un dieu », il fallait qu'il fût au courant du tem que Jules Verne avait consacré à la composition de ouvrage. Ce dernier lui avait probablement proposé, quelques mois auparavant, son projet (après la parution de *Cinq Semaines*) ; ce projet ayant été en principe accepté, très peu de temps après il avait soumis à l'éditeur son manuscrit, rédigé, selon l'avis d'Hetzel, *trop* rapidement.

De toute manière, le manuscrit contient des éléments historiques (dates, situation politique) qui ne permettent pas de situer sa composition avant 1863. La date de 1863 figure d'ailleurs dans le manuscrit, à propos de la guerre de Sécession.

Le prélude du monde vernien

Parmi tous les textes de Jules Verne parus après 1863, celui qui semble présenter le plus d'analogies avec *Paris au XXᵉ siècle* est certainement la boutade *Une ville idéale*[5], malgré une différence profonde qui sépare ces deux récits. Le premier est, en effet, un roman qui se passe en 1960 et qui contient une description de l'avenir ; le deuxième n'est qu'un conte onirique dans lequel la promenade que l'auteur fait dans sa bonne ville d'Amiens en l'an 2000 est le prétexte pour mettre en relief les défauts de la ville en 1875. Le futur conseiller municipal s'amuse et amuse ses auditeurs. Cela dit, Jules Verne semble avoir puisé quelques idées dans le manuscrit refusé de *Paris au XXᵉ siècle,* dont il était certain de ne pas devoir se servir autrement.

Voici quelques exemples de ces analogies :

PARIS AU XXᵉ SIÈCLE	UNE VILLE IDÉALE
« Le bruit court que les chaires des lettres [...] vont être supprimées pour l'exer-~ice 1962 [...] Qui se soucie ~s Grecs et des Latins ; ~s tout au plus à fournir ~ques racines aux mots science moderne [...]	« Il y a cent ans, au moins, qu'on ne fait plus ni latin ni grec dans les Lycées ! L'instruction y est purement scientifique, commerciale et industrielle ! [...]

Et hier ! hier encore : *hor-resco referens,* devinez, si vous l'osez, comment un autre a traduit au quatrième chant des *Géorgiques* ce vers :

immanis pecoris custos...

[...] *Gardien d'une épou-vantable pécore.*

Savez-vous comment, à la version du baccalauréat, le plus fort des candidats avait traduit :

Immanis pecoris custos ?

– Non.
– De cette façon : *Gar-dien d'une immense pé-core.*

D'ailleurs, une nouvelle de jeunesse de Jules Verne, restée longtemps inédite et intitulée *Le Mariage de M. Anselme des Tilleuls*[6], contient un grand nombre de citations de vers de Virgile dans les conversations du jeune marquis et de son mentor Naso Paraclet.

D'autre part, le vers « *immanis pecoris custos, immanior ipse* » devait beaucoup plaire à Jules Verne, puisqu'il l'intro-duit, encore une fois, au chapitre XXXIX du *Voyage au centre de la Terre* (dans sa version augmentée de 1867), là où les explorateurs du centre de la Terre pensent avoir aperçu un immense être vivant au milieu d'un troupeau de quadrupèdes géants.

Revenons maintenant à *Une ville idéale*. Le thème du concert électrique, qui figure au chapitre XVI de *Paris au XXe siècle*, s'y retrouve, à cette différence près que, dans le premier des deux récits, quand un pianiste donnait un concert à Paris « au moyen de fils électriques, son instrument était mis en communication avec des pianos de Londres, de Vienne, de Rome, de Pétersbourg, de Péking » et, bien sûr, d'Amiens, tandis que, dans le deuxième, « deux cents pianos mis en communication les uns avec les autres, au moyen d'un courant électrique, jouaient ensemble sous la main d'un seul artiste ! ». Et cela devant dix mille personnes et a un « un assourdissement épouvantable ». Dans le premier il s'agit donc de transmettre la musique à distance ; dans le deuxième, d'augmenter la puissance de l'instrument.

Deux autres thèmes musicaux relient *Paris au xxᵉ siècle* et *Une ville idéale* : celui de la musique cacophonique, qui remplace la musique traditionnelle, et celui des morceaux à inspiration scientifique (*La Thilorienne, grande fantaisie sur la Liquéfaction de l'Acide Carbonique* dans *Paris au xxᵉ siècle* et la *Rêverie en la mineur sur le carré de l'hypoténuse* dans *Une ville idéale*).

Les deux autres villes verniennes du futur que l'on pourrait comparer à la description de Paris sont Milliard-City dans le roman *L'Ile à hélice* (1895) et Centropolis (ou Universal-City, selon les éditions) dans la nouvelle *In the year 2889*[7], qui fut écrite par Michel Verne avec l'accord de son père et revue plus tard par ce dernier.

L'action de *L'Ile à hélice* se déroule à une époque non précisée («Dans le cours de cette année-là – nous ne saurions la préciser à trente ans près», ch. Iᵉʳ). Milliard-City, capitale de Standard-Island, l'île artificielle des milliardaires, comporte quelques analogies avec le Paris du xxᵉ siècle (par exemple, les «lunes électriques» qui inondent de lumière les avenues, ch. VII). Mais, détail important, ce roman fut écrit environ trente ans après *Paris au xxᵉ siècle*.

La métropole américaine de l'an 2889 (ou 2890), Centropolis (ou Universal-City), rappelle, elle aussi, dans quelques détails le Paris du xxᵉ siècle, mais sa date est si reculée que l'auteur ose imaginer des inventions et des situations (le ciel sillonné par des milliers d'aéro-cars et d'aéro-omnibus, la Grande-Bretagne colonie des États-Unis) qui lui auraient semblé peu crédibles en 1960. Le tableau du xxixᵉ siècle que Jules (et Michel) Verne nous donnent n'est d'ailleurs pas pessimiste, contrairement à celui du Paris de l'an 1960.

Jules Verne ne devait d'ailleurs pas avoir oublié le manuscrit de *Paris au xxᵉ siècle*. Il s'en souvint, par exemple, qu'il composa, en 1899, le roman *Bourses de voyage,* en 1903. Au premier chapitre réapparaît une métaphore scientifique qui se trouve aussi dans le premier chapitre de *au xxᵉ siècle* : «Et, l'élan étant donné, les bravos se prolongèrent, grâce à la vitesse acquise » (*Bourses de voyage*) ; « le débit pressé de l'orateur ressemblait à un volant lancé à toute vitesse ; il eût été impossible d'enrayer cette éloquence à haute pression » (*Paris au XXe siècle*). Dans les deux cas, il s'agit d'une distribution de prix.

*
* *

Paris au XXe siècle n'est pas tellement le prélude de l'œuvre vernienne ultérieure parce que tel ou tel passage ressemble au passage d'un autre roman. C'est le style de Jules Verne que l'on sent poindre, avec ses défauts et ses maladresses, certes, mais aussi avec ses mérites. On y trouve déjà cet amour pour les énumérations (d'institutions publiques, d'écrivains, de poètes, de savants, de musiciens) qui annonce si bien les futures listes de poissons, d'insectes ou de plantes que les jeunes lecteurs des *Voyages extraordinaires* seront parfois tentés de sauter, mais que d'autres, en revanche, apprécieront pour leurs qualités poétiques. L'humour y est partout présent. On y trouve surtout cette capacité d'ouvrir les réalités de son temps pour y faire entrevoir le rêve.

L'aspect le plus intéressant de *Paris au XXe siècle* est, à mon avis, le fait que cette œuvre se présente, pour ainsi dire, comme une encyclopédie de la pensée vernienne avant la lettre, qui permet de remettre en question plusieurs affirmations des critiques. On a soutenu, par exemple, que Jules Verne, optimiste par sa nature en ce qui concerne les destins de l'homme et les progrès de la science, aurait cessé de l'être à cause de différentes circonstances : la guerre de 1870, sa situation familiale (un ménage qui n'était pas des plus heureux et un fils extrêmement difficile, surtout dans la période 1877-1887). Et puis l'attentat de 1886, la mort d'Hetzel e celle d'une maîtresse mystérieuse auraient conduit Jul Verne, à la fin de sa vie, à un pessimisme dont ses derniè œuvres seraient le reflet.

La lecture de *Paris au XXe siècle,* œuvre de jeuness autobiographique par excellence, prouve le contrair jeune Verne qui, ayant vêtu les habits du protagoniste Michel, écrit des vers et cherche un éditeur, a une vision tragique des relations humaines, d'une société où, exception faite pour quelques amis, on est seul (et l'épisode du marchand de fleurs, au chapitre XVI, me paraît en ce sens emblématique). Le pessimisme est donc présent dès le début de son œuvre. Il s'agit en fait d'une constante de la pensée de Jules Verne qui fait çà et là son apparition tout au long de sa carrière littéraire. Toutefois, ce pessimisme est, dans *Paris au xxᵉ siècle*, secoué d'un humour ravageur et constamment tonique. Il invite le lecteur à jeter lui-même un regard décapant sur le monde qui l'entoure.

Piero GONDOLO DELLA RIVA.

Notes

1. Publié en 1989 à Paris, par le cherche midi éditeur, sous le titre : *Voyage à reculons en Angleterre et en Écosse.*

2. Charles Lemire, *Jules Verne. 1828-1905. L'Homme. L'Écrivain. Le Voyageur. Le Citoyen. Son Œuvre. Sa Mémoire. Ses Monuments,* Paris, Berger-Levrault & Cie, 1908.

3. Coll. Gondolo della Riva, Turin. Lettre publiée in *Un éditeur et son siècle. Pierre-Jules Hetzel (1814-1886),* ouvrage collectif, Saint-Sébastien, ACL Édition, 1988, pp. 118-119.

4. *Cf.* à ce sujet la lettre de Jules Verne à Hetzel datée « Samedi soir » (début 1864) : « Parbleu, mon cher maître, j'avais besoin de votre lettre pour me fouetter le sang ! [...] Accordé que je suis une bête qui me [*sic*] flanque des éloges à moi-même [*sic*] par la bouche de mes [*sic*] personnages. Je vais à cet endroit leur clore le bec de la bonne façon. » (Bibliothèque Nationale, Correspondance Verne-Hetzel, tome I, ff. 7-8.)

5. Il s'agit d'un discours prononcé par Jules Verne à l'Académie d'Amiens le 12 décembre 1875 et publié dans les *Mémoires* de ladite Académie (2ᵉ tome de l'année 1875). Il parut aussi, sous forme de plaquette, chez T. Jeunet, à Amiens, dans la même année. Ce texte est souvent cité sous le titre *Amiens en l'an 2000,* titre qui ne figure que dans une édition de 1973.

6. Publié dans le volume *Manuscrits nantais,* tome 3, le cherche midi éditeur/Bibliothèque Municipale de Nantes, 1991 (édition provisoire). Republié, toujours en 1991, à Porrentruy, aux Éditions de l'Olifant.

7. *In the year 2889,* nouvelle écrite par Michel Verne mais signée par son père, parut d'abord en anglais dans la revue *The Forum* de New York (février 1889). Très probablement revu par Jules Verne, ce texte fut republié, sous le titre *La journée d'un journaliste américain en 2890,* dans les *Mémoires de l'Académie d'Amiens* (année 1890) et dans le *Supplément illustré* du *Petit Journal* (29 août 1891). Il fut enfin repris par Michel Verne dans le recueil posthume de nouvelles de Jules Verne intitulé *Hier et Demain. Contes et Nouvelles* (Paris, Hetzel, 1910), sous le titre : *Au XXIXᵉ siècle : la journée d'un journaliste américain en 2889.*

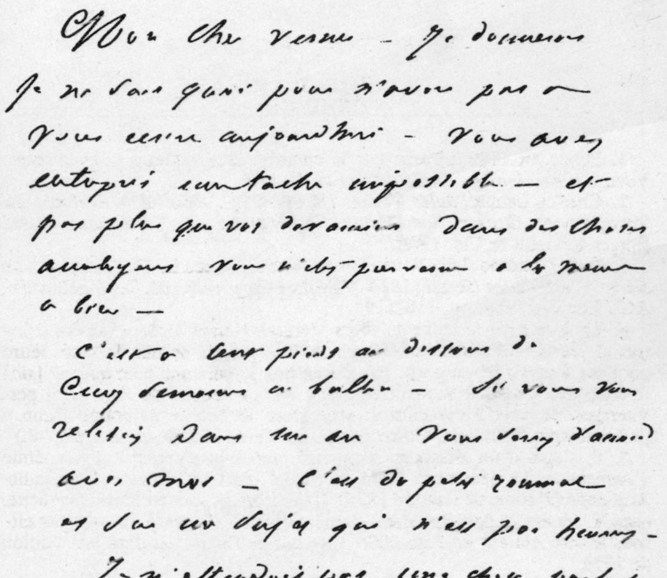

ACADÉMIE D'AMIENS

UNE VILLE
IDÉALE

Lecture faite dans la Séance publique annuelle
du 12 Décembre 1875

PAR

M. JULES VERNE

DIRECTEUR DE L'ACADÉMIE

M DCCC  L XXV

AMIENS

IMPRIMERIE DE T. JEUNET

RUE DES CAPUCINS, 47

Page de titre de l'édition originale de la plaquette *Une vi*
(coll. Gondolo della Riva).

O terrible influence de cette race qui ne sert ni dieu, ni le roi, adonnée aux sciences mondaines, aux viles professions mécaniques ! Engeance pernicieuse ! Que ne ferait-elle pas, si on la laissait faire, abandonnée sans <u>frein</u> à ce fatal esprit de connaître, d'inventer et de perfectionner.

Paul-Louis Courier.

restraint,
check!

Chapitre I

Société Générale de Crédit instructionnel

Le 13 août 1960, une partie de la population parisienne se portait aux nombreuses gares du chemin de fer métropolitain, et se dirigeait par les embranchements vers l'ancien emplacement du Champ de Mars.

C'était le jour de la distribution des prix à la *Société Générale de Crédit instructionnel,* vaste établissement d'éducation publique. Son Excellence, le ministre des Embellissements de Paris, devait présider cette solennité.

La *Société Générale de Crédit instructionnel* répondait parfaitement aux tendances industrielles du siècle : ce qui s'appelait le Progrès, il y a cent ans, avait pris d'immenses développements. Le monopole, ce nec plus ultra de la perfection, tenait dans ses serres le pays tout entier ; des sociétés se multipliaient, se fondaient, s'organisaient, qui eussent bien étonné nos pères par leurs résultats inattendus.

L'argent ne manquait pas, mais, un instant, il faillit être inoccupé, lorsque les chemins de fer passèrent des mains des particuliers dans celles de l'État ; il y avait donc abondance de capitaux, et plus encore de capitalistes, en quête d'opérations financières, ou d'affaires industrielles.

Dès lors, ne soyons pas surpris de ce qui eût étonné un parisien du dix-neuvième siècle, et, entre autres merveilles, de cette création du Crédit instructionnel. Cette société fonctionnait avec succès depuis une trentaine d'années, sous la direction financière du baron de Vercampin.

À force de multiplier les succursales de l'Université, les lycées, les collèges, les écoles primaires, les pensionnats de la doctrine chrétienne, les cours préparatoires, les séminaires, les conférences, les salles d'asile, les orphelinats, une instruction quelconque avait filtré jusqu'aux dernières couches de l'ordre social. Si personne ne lisait plus, du moins tout le monde savait lire, écrire, même ; il n'était pas de fils d'artisan ambitieux, de paysan déclassé, qui ne prétendît à une place dans l'administration ; le fonctionnarisme se développait sous toutes les formes possibles ; nous verrons plus tard quelle légion d'employés le gouvernement menait au pas, et militairement.

Ici, il s'agit seulement d'expliquer comment les moyens d'instruction durent s'accroître avec les gens à instruire. Au dix-neuvième siècle, n'avait-on pas inventé les sociétés immobilières, les comptoirs des entrepreneurs, le Crédit Foncier, quand on voulut refaire une nouvelle France et un nouveau Paris ?

Or, construire ou instruire, c'est tout un pour des hommes d'affaires, l'instruction n'étant, à vrai dire, qu'un genre de construction, un peu moins solide.

C'est ce que pensa, en 1937, le baron de Vercampin, fort connu par ses vastes entreprises financières ; il eut l'idée de fonder un immense collège, dans lequel l'arbre de l'enseignement pût pousser toutes ses branches, laissant, d'ailleurs, à l'État le soin de le tailler, de l'émonder et de l'écheniller à sa fantaisie.

Le baron fusionna les lycées de Paris et de la province, Sainte-Barbe et Rollin, les diverses institutions particulières, dans un seul établissement ; il y centralisa l'éducation de la France entière ; les capitaux répondirent à son appel, car il présenta l'affaire sous la forme d'une opération industrielle. L'habileté du baron était une garantie en matière de finances. L'argent accourut. La Société se fonda.

Ce fut en 1937, sous le règne de Napoléon V, qu'il lança l'affaire. Son prospectus fut tiré à quarante millions d'exemplaires. On lisait en tête :

Société Générale
de
Crédit instructionnel,

Société anonyme constituée par acte passé devant
Mᵉ Mocquart et son collègue, notaires à Paris,
le 6 avril 1937, et approuvée par décret impérial
du 19 mai 1937.
Capital social : cent millions de francs,
divisé en 100 000 actions de 1000 francs chacune.

Conseil d'administration :
baron de Vercampin, C. ✷, président,
de Montaut, O ✷, directeur du chemin de fer d'Orléans
vice-présidents
Garassu, banquier.
le marquis d'Amphisbon, G O ✷, sénateur.
Roquamon, colonel de gendarmerie, G.C. ✷.
Dermangent, député.
Frappeloup, ✷, directeur général du Crédit instructionnel.

Suivaient les statuts de la Société soigneusement rédigés
en langue financière. On le voit, pas un nom de savant ni
de professeur dans le Conseil d'administration. C'était plus
rassurant pour l'entreprise commerciale.

Un inspecteur du gouvernement surveillait les opérations
de la Compagnie, et en référait au ministre des Embellissements de Paris.

L'idée du baron était bonne et singulièrement pratique,
aussi réussit-elle au-delà de toute espérance. En 1960, le
Crédit instructionnel ne comptait pas moins de 157 342
élèves, auxquels on infusait la science par des moyens mécaniques.

Nous avouerons que l'étude des belles lettres, des langues
anciennes (le français compris) se trouvait alors à peu près
sacrifiée ; le latin et le grec étaient des langues non seulement mortes, mais enterrées ; il existait encore, pour la
forme, quelques classes de lettres, mal suivies, peu considérables, et encore moins considérées. Les dictionnaires, les
gradus, les grammaires, les choix de thèmes et de versions,
les auteurs classiques, toute la bouquinerie des *de Viris*, des
Quinte-Curce, des *Salluste*, des *Tite-Live*, pourrissait tran-

quillement sur les rayons de la vieille maison Hachette ; mais les *précis de mathématiques, les traités de descriptive, de mécanique, de physique, de chimie, d'astronomie,* les *cours d'industrie pratique, de commerce, de finances, d'arts industriels,* tout ce qui se rapportait aux tendances spéculatives du jour, s'enlevait par milliers d'exemplaires.

Bref, les actions de la Compagnie, décuplées en vingt-deux ans, valaient alors 10 000 francs chacune.

Nous n'insisterons pas davantage sur l'état florissant du Crédit instructionnel ; les chiffres disent tout, suivant un proverbe de banquier.

Vers la fin du siècle dernier, l'École Normale déclinait visiblement ; peu de jeunes gens s'y présentaient, de ceux que leur vocation entraînait vers la carrière des lettres ; on avait déjà vu beaucoup d'entre eux, et des meilleurs, jetant leur robe de professeur aux orties, se précipiter dans la mêlée des journalistes et des auteurs ; mais ce fâcheux spectacle ne se reproduisait plus, car, depuis dix ans, seules les études scientifiques entassaient les candidats aux examens de l'École.

Mais, si les derniers professeurs de grec et de latin achevaient de s'éteindre dans leurs classes abandonnées, quelle position, au contraire, que celle de messieurs les titulaires de Sciences, et comme ils émargeaient d'une façon distinguée !

Les Sciences se divisaient en six branches : il y avait le chef de division des mathématiques, avec ses sous-chefs d'arithmétique, de géométrie et d'algèbre, – le chef de division de l'astronomie, celui de la mécanique, celui de la chimie, enfin, le plus important, le chef de division des sciences appliquées, avec ses sous-chefs de métallurgie, de construction d'usine, de mécanique et de chimie appropriée aux arts.

Les langues vivantes, sauf le français, étaient très en faveur ; on leur accordait une considération spéciale ; un philologue passionné aurait pu apprendre là les deux mille langues et les quatre milles idiomes parlés dans le monde entier. Le sous-chef du chinois réunissait un grand nombre d'élèves depuis la colonisation de la Cochinchine.

La *Société de Crédit instructionnel* possédait des bâtiments immenses, élevés sur l'emplacement de l'ancien Champ de Mars, devenu inutile, depuis que Mars n'émargeait plus au budget. C'était une cité complète, une véritable ville, avec ses quartiers, ses places, ses rues, ses palais, ses églises, ses casernes, quelque chose comme Nantes ou Bordeaux, pouvant contenir cent quatre-vingt mille âmes, en y comprenant celles des maîtres d'étude.

Un arc monumental donnait accès dans la vaste cour d'honneur, nommée Gare de l'instruction, et entourée des docks de la science. Les réfectoires, les dortoirs, la salle du concours général, où trois mille élèves tenaient à l'aise, méritaient d'être visités, mais n'étonnaient plus des gens habitués depuis cinquante ans à tant de merveilles.

Donc, la foule se précipitait avidement à cette distribution des prix, solennité toujours curieuse, et qui, tant parents qu'amis ou alliés, intéressait bien cinq cent mille personnes. Aussi le populaire affluait-il par la station du chemin de fer de Grenelle, située alors à l'extrémité de la rue de l'Université.

Cependant, malgré l'affluence du public, tout se passait avec ordre ; les employés du gouvernement, moins zélés, et par conséquent, moins insupportables que les agents des anciennes compagnies, laissaient volontiers toutes les portes ouvertes ; on avait mis cent cinquante ans à reconnaître cette vérité, que par les grandes foules, mieux valait multiplier les issues que les restreindre.

La Gare de l'instruction était somptueusement disposée pour la Cérémonie ; mais il n'est si grande place qui ne se remplisse, et la cour d'honneur fut bientôt pleine.

À trois heures, le ministre des Embellissements de Paris fit son entrée solennelle, accompagné du baron de Vercampin, et des membres du Conseil d'administration ; le baron tenait la droite de Son Excellence ; M. Frappeloup trônait à sa gauche ; du haut de l'estrade, le regard se perdait sur un océan de têtes. Alors, les diverses musiques de l'Établissement éclatèrent avec fracas dans tous les tons et sur les rythmes les plus inconciliables. Cette cacophonie réglementaire ne parut pas choquer autrement les deux cent cin-

quante mille paires d'oreilles, dans lesquelles elle s'engouf-
frait.

La Cérémonie commença. Il se fit une silencieuse rumeur.
C'était le moment des discours.

Au siècle dernier, un certain humoriste du nom de Karr
traita comme ils le méritaient les discours plus officiels que
latins débités aux distributions des prix ; à l'époque où nous
vivons, cette matière à plaisanter lui eût fait défaut, car le
morceau d'éloquence latine était tombé en désuétude. Qui
l'eût compris ? Pas même le sous-chef de rhétorique !

Un discours chinois le remplaçait avec avantage ; plusieurs passages enlevèrent des murmures d'approbation ; une
magnifique tartine sur les civilisations comparées des îles
de la Sonde eut même les honneurs du bis. On comprenait
encore ce mot-là.

Enfin, le Directeur des sciences appliquées se leva.
Moment solennel. C'était le morceau de choix.

Ce discours furibond rappelait à s'y méprendre les sif-
flements, les frottements, les gémissements, les mille bruits
désagréables qui s'échappent d'une machine à vapeur en
activité ; le débit pressé de l'orateur ressemblait à un volant
lancé à toute vitesse ; il eût été impossible d'enrayer cette
éloquence à haute pression, et les phrases grinçantes s'engre-
naient comme des roues dentées, les unes dans les autres.

Pour compléter l'illusion, le Directeur suait sang et eau,
et un nuage de vapeur l'enveloppait de la tête aux pieds.

« Diable ! » dit en riant à son voisin un vieillard dont la
figure très fine exprimait au plus haut degré le dédain de
ces sottises oratoires. « Qu'en pensez-vous, Richelot ? »

Monsieur Richelot se contenta de hausser les épaules pour
toute réponse.

« Il chauffe trop, reprit le vieillard en continuant sa métaphore ; vous me direz qu'il a des soupapes de sûreté ; mais
un Directeur des sciences appliquées qui éclaterait, ce serait
un fâcheux précédent !

– Bien dit, Huguenin », répondit Monsieur Richelot.

Des chut vigoureux interrompirent les deux causeurs qui
se regardèrent en souriant.

Cependant, l'orateur continuait de plus belle ; il se lança

à corps perdu dans l'éloge du présent au détriment du passé ; il entonna la litanie des découvertes modernes ; il donna même à entendre que, sous ce rapport, l'avenir aurait peu à faire ; il parla avec un mépris bienveillant du petit Paris de 1860 et de la petite France du dix-neuvième siècle ; il énuméra à grand renfort d'épithètes les bienfaits de son temps, les communications rapides entre les divers points de la Capitale, les locomotives sillonnant le bitume des boulevards, la force motrice envoyée à domicile, l'acide carbonique détrônant la vapeur d'eau, et enfin l'Océan, l'Océan lui-même baignant de ses flots les rivages de Grenelle ; il fut sublime, lyrique, dithyrambique, en somme, parfaitement insupportable et injuste, oubliant que les merveilles du vingtième siècle germaient déjà dans les projets du dix-neuvième.

Des applaudissements frénétiques éclatèrent à cette même place, où, cent soixante-dix ans plus tôt, les bravos accueillaient la fête de la fédération.

Cependant, comme tout doit avoir une fin ici-bas, même les discours, la machine s'arrêta. Les exercices oratoires s'étant terminés sans accident, on procéda à la distribution des prix.

La question de hautes mathématiques posée au grand concours était celle-ci :

« On donne deux circonférences OO' : d'un point A pris sur O, on mène des tangentes à O' ; on joint les points de contact de ces tangentes : on mène la tangente en A à la circonférence O ; on demande le lieu du point d'intersection de cette tangente avec la corde des contacts dans la circonférence O'. »

Chacun comprenait l'importance d'un pareil théorème. On savait comment il avait été résolu d'après une méthode nouvelle par l'élève Gigoujeu (François Némorin) de Briançon (Hautes Alpes). Les bravos redoublèrent à l'appel de ce nom ; il fut prononcé soixante-quatorze fois pendant cette mémorable journée : on cassait les banquettes en l'honneur du lauréat, ce qui, même en 1960, n'était encore qu'une métaphore destinée à peindre les fureurs de l'enthousiasme.

Gigoujeu (François Némorin) gagna dans cette circonstance une bibliothèque de trois mille volumes. La *Société de Crédit instructionnel* faisait bien les choses.

Nous ne pouvons citer la nomenclature infinie des Sciences qui s'apprenaient dans cette caserne de l'instruction : un palmarès du temps eût fort surpris les arrière-grands-pères de ces jeunes savants. La distribution allait son train, et les ricanements éclataient, lorsque quelque pauvre diable de la division des lettres, honteux à l'appel de son nom, recevait un prix de thème latin ou un accessit de version grecque.

Mais il y eut un instant où les moqueries redoublèrent, où l'ironie emprunta ses formes les plus déconcertantes. Ce fut quand M. Frappeloup fit entendre les paroles suivantes :

« Premier prix de vers latins : Dufrénoy (Michel Jérôme) de Vannes (Morbihan). »

L'hilarité fut générale, au milieu des propos de ce genre :

« Prix de vers latins !

– Il était seul à composer !

– Voyez-vous ce sociétaire du Pinde !

– Cet habitué de l'Hélicon !

– Ce pilier du Parnasse !

– Il ira ! il n'ira pas ! etc. »

Cependant, Michel Jérôme Dufrénoy allait, et avec aplomb encore ; il bravait les rires ; c'était un jeune homme blond d'une charmante figure, avec un joli regard, ni gauche, ni maladroit. Ses cheveux longs lui donnaient une apparence un peu féminine. Son front resplendissait.

Il s'avança jusqu'à l'estrade, et arracha, plutôt qu'il ne reçut, son prix de la main du Directeur. Ce prix consistait en un volume unique : *le Manuel du bon usinier*.

Michel regarda le livre avec mépris, et, le jetant à terre, il revint tranquillement à sa place, la couronne au front, sans même avoir baisé les joues officielles de Son Excellence.

« Bien, fit M. Richelot.

– Brave enfant », dit M. Huguenin.

Les murmures éclatèrent de toutes parts ; Michel accueillit avec un dédaigneux sourire, et regagna sa pl au milieu des ricanements de ses condisciples.

Cette grande cérémonie se termina sans encombre

les sept heures du soir ; quinze mille prix et vingt-sept mille accessits y furent consommés.

Les principaux lauréats des Sciences dînèrent le soir même à la table du baron de Vercampin, au milieu des membres du Conseil d'administration et des gros actionnaires.

La joie de ces derniers s'expliquera par des chiffres ! Le dividende pour l'exercice 1960 venait d'être fixé à 1169 francs 33 centimes par action. L'intérêt actuel dépassait déjà le prix d'émission.

Chapitre II

Aperçu général des rues de Paris

Michel Dufrénoy avait suivi la foule, simple goutte d'eau de ce fleuve que la rupture de ses barrages changeait en torrent. Son animation se calmait. Le champion de la poésie latine devenait un jeune homme timide au milieu de cette cohue joyeuse ; il se sentait seul, étranger, et comme isolé dans le vide. Où ses condisciples s'avançaient d'un pas rapide, il allait lentement, avec hésitation, plus orphelin encore dans cette réunion de parents satisfaits ; il paraissait regretter son travail, son collège, son professeur.

Sans père ni mère, il lui fallait rentrer dans une famille qui ne pouvait le comprendre, assuré d'être mal reçu avec son prix de vers latins.

« Enfin, se dit-il, du courage ! je supporterai stoïquement leur mauvaise humeur ! mon oncle est un homme positif, ma tante une femme pratique, mon cousin un garçon spé-culatif ; mes idées et moi, nous serons mal vus au logis ; mais qu'y faire ? allons ! »

Cependant, il ne se pressait pas, n'étant point de ces écoliers qui se précipitent dans les vacances comme les peuples dans la liberté. Son oncle et tuteur n'avait pas même été convenable d'assister à la distribution des prix ; il savait pourquoi son neveu était « incapable », disait-il, et il fût mort de honte à le voir couronner comme un nourrisson des

La foule entraînait pourtant l'infortuné lauréat ; il se sentait pris par le courant comme un homme en train de se noyer.

« La comparaison est juste, pensait-il ; me voilà entraîné en pleine mer ; où il faudrait les aptitudes d'un poisson, j'apporte les instincts d'un oiseau ; j'aime à vivre dans l'espace, dans les régions idéales où l'on ne va plus, au pays des rêves, d'où l'on ne revient guère ! »

Tout réfléchissant, heurté et cahoté, il atteignit la station de Grenelle du chemin de fer métropolitain.

Ce chemin desservait la rive gauche du fleuve par le boulevard Saint-Germain qui s'étendait depuis la gare d'Orléans jusqu'aux bâtiments du Crédit instructionnel ; là, s'infléchissant vers la Seine, il la traversait sur le pont d'Iéna, revêtu d'un tablier supérieur pour le service de la voie ferrée, et se soudait alors au railway de la rive droite ; celui-ci par le tunnel du Trocadéro débouchait sur les Champs-Élysées, gagnait la ligne des boulevards qu'il remontait jusqu'à la place de la Bastille, et se renouait au chemin de la rive gauche par le pont d'Austerlitz.

Cette première ceinture de voies ferrées enlaçait à peu près l'ancien Paris de Louis XV sur l'emplacement même du mur auquel survivait ce vers euphonique :

Le mur murant Paris rend Paris murmurant.

Une seconde ligne raccordait les anciens faubourgs de Paris, en prolongeant sur une longueur de trente-deux kilomètres les quartiers situés autrefois au-delà des boulevards extérieurs.

Suivant la ligne de l'ancien chemin de ceinture, un troisième railway se déroulait sur une longueur de cinquante-six kilomètres.

Enfin, un quatrième réseau rattachait entre eux la ligne des forts et desservait une étendue de plus de cent kilomètres.

On le voit, Paris avait crevé son enceinte de 1843 et p[rit] ses coudées franches dans le bois de Boulogne, les plai[nes] d'Issy, de Vanves, de Billancourt, de Montrouge, d'Ivr[y,] Saint-Mandé, de Bagnolet, de Pantin, de Saint-Den[is,] Clichy et de Saint-Ouen. Les hauteurs de Meud[on]

Sèvres, de Saint-Cloud avaient arrêté ses envahissements dans l'ouest. La délimitation de la capitale actuelle se trouvait marquée par les forts du Mont-Valérien, de Saint-Denis, d'Aubervilliers, de Romainville, de Vincennes, de Charenton, de Vitry, de Bicêtre, de Montrouge, de Vanves et d'Issy ; une ville de vingt-sept lieues de tour : elle avait dévoré le département de la Seine tout entier.

Quatre cercles concentriques de voies ferrées formaient donc le réseau métropolitain ; ils se reliaient entre eux par des embranchements qui, sur la rive droite, suivaient les boulevards de Magenta et de Malesherbes prolongés, et sur la rive gauche, les rues de Rennes et des Fossés-Saint-Victor. On pouvait circuler d'une extrémité de Paris à l'autre avec la plus grande rapidité.

Ces railways existaient depuis 1913 ; ils avaient été construits aux frais de l'État, suivant un système présenté au siècle dernier par l'ingénieur Joanne.

À cette époque, bien des projets furent soumis au gouvernement. Celui-ci les fit examiner par un conseil d'ingénieurs civils, les ingénieurs des ponts et chaussées n'existant plus depuis 1889, date de la suppression de l'École polytechnique ; mais ces messieurs demeurèrent longtemps divisés sur la question ; les uns voulaient établir un chemin à niveau dans les principales rues de Paris ; les autres préconisaient les réseaux souterrains imités du railway de Londres ; mais le premier de ces projets eût nécessité l'établissement de barrières fermées au passage des trains ; de là un encombrement de piétons, de voitures, de charrettes, facile à concevoir ; le second entraînait d'énormes difficultés d'exécution ; d'ailleurs, la perspective de s'enfourner dans un tunnel interminable n'aurait rien eu d'attrayant pour les voyageurs. Tous les chemins établis autrefois dans ces conditions déplorables avaient dû être refaits, entre autres, le chemin du bois de Boulogne, qui tant par ses ponts que par ses souterrains, obligeait les voyageurs à interrompre vingt-sept fois leur lecture de leur journal, dans un trajet de vingt-trois minutes.

Le système Joanne parut réunir toutes les qualités de rapidité, de facilité, de bien-être, et, en effet, depuis cinquante ans, les chemins de fer métropolitains fonctionnaient à la satisfaction générale.

Ce système consistait en deux voies séparées, l'une d'aller, l'autre de retour ; de là, jamais de rencontre possible en sens inverse.

Chacune de ces voies était établie suivant l'axe des boulevards, à cinq mètres des maisons, au-dessus de la bordure extérieure des trottoirs ; d'élégantes colonnes de bronze galvanisé les supportaient et se rattachaient entre elles par des armatures découpées à jour ; ces colonnes prenaient de distance en distance un point d'appui sur les maisons riveraines, au moyen d'arcades transversales.

Ainsi, ce long viaduc, supportant la voie ferrée, formait une galerie couverte, sous laquelle les promeneurs trouvaient un abri contre la pluie ou le soleil ; la chaussée bitumée restait réservée aux voitures ; le viaduc enjambait sur un pont élégant les principales rues qui coupaient sa route, et le railway, suspendu à la hauteur des entresols, ne mettait aucun obstacle à la circulation.

Quelques maisons riveraines, transformées en gares d'attentes, formaient les stations ; elles communiquaient avec la voie par de larges passerelles ; au-dessous, se déroulait l'escalier à double rampe qui donnait accès dans la salle des voyageurs.

Les stations du railway des boulevards se trouvaient situées au Trocadéro, à la Madeleine, au bazar Bonne Nouvelle, à la rue du Temple et à la place de la Bastille.

Ce viaduc, supporté sur de simples colonnes, n'eût pas résisté sans doute aux anciens moyens de traction, qui exigeaient des locomotives d'une grande pesanteur ; mais, grâce à l'application de propulseurs nouveaux, les convois étaient fort légers ; ils se succédaient de dix minutes en dix minutes, emportant chacun mille voyageurs dans leurs voitures rapides et confortablement disposées.

Les maisons riveraines ne souffraient ni de la vapeur de la fumée, par cette raison bien simple qu'il n'y avait de locomotive. Les trains marchaient à l'aide de comprimé, d'après un système William, préconis

Jobard, célèbre ingénieur belge, qui florissait vers le milieu du dix-neuvième siècle.

Un tube vecteur, de vingt centimètres de diamètre et de deux millimètres d'épaisseur, régnait sur toute la longueur de la voie entre les deux rails ; il renfermait un disque en fer doux qui glissait à l'intérieur sous l'action de l'air comprimé à plusieurs atmosphères et débité par la *Société des Catacombes de Paris*. Ce disque, chassé avec une grande vitesse dans le tube, comme la balle dans la sarbacane, entraînait avec lui la première voiture du train. Mais comment rattachait-on cette voiture au disque renfermé dans l'intérieur du tube, puisque ce dernier ne devait avoir aucune communication avec l'extérieur ? par la force électromagnétique.

En effet, la première voiture portait entre ses roues des aimants distribués à droite et à gauche du tube, le plus près possible, mais sans le toucher. Ces aimants opéraient à travers les parois du tube sur le disque de fer doux*. Celui-ci, en glissant, entraînait le train à sa suite, sans que l'air comprimé pût s'en échapper par une issue quelconque.

Lorsqu'un convoi devait s'arrêter, un employé de la station tournait un robinet ; l'air s'échappait, et le disque demeurait immobile. Le robinet refermé, l'air poussait, et le convoi reprenait sa marche immédiatement rapide.

Ainsi donc, avec ce système si simple, d'un entretien si facile, pas de fumée, pas de vapeur, pas de rencontre, possibilité de remonter toutes les rampes, et il semblait que ces chemins avaient dû exister depuis un temps immémorial.

Le jeune Dufrénoy prit son billet à la gare de Grenelle et, dix minutes après, il s'arrêtait à la station de la Madeleine ; il descendit sur le boulevard et se dirigea vers la rue Impériale percée suivant l'axe de l'Opéra, jusqu'au jardin des Tuileries.

La foule encombrait les rues ; la nuit commençait à venir ; les magasins somptueux projetaient au loin des éclats de lumière électrique ; les candélabres établis d'après le sys-

* un électro-aimant peut supporter un poids de 1000 kg au contact, sa [force] d'attraction est encore de 100 kg à une distance de 5 millimètres. ([Note] de l'auteur.)

tème Way par l'électrisation d'un filet de mercure, rayonnaient avec une incomparable clarté ; ils étaient réunis au moyen de fils souterrains ; au même moment, les cent mille lanternes de Paris s'allumaient d'un seul coup.

Cependant, quelques boutiques arriérées demeuraient fidèles au vieux gaz hydrocarburé ; l'exploitation de houillères nouvelles permettait de le livrer, il est vrai, à dix centimes le mètre cube ; mais la compagnie faisait des gains considérables, surtout en le répandant comme agent mécanique.

En effet, de ces innombrables voitures qui sillonnaient la chaussée des boulevards, le plus grand nombre marchait sans chevaux ; elles se mouvaient par une force invisible, au moyen d'un moteur à air dilaté par la combustion du gaz. C'était la machine Lenoir appliquée à la locomotion.

Cette machine, inventée en 1859, avait pour premier avantage de supprimer chaudière, foyer et combustible ; un peu de gaz d'éclairage, mêlé à de l'air introduit sous le piston et enflammé par l'étincelle électrique, produisait le mouvement ; des bornes-gaz établies aux diverses stations de voitures, fournissaient l'hydrogène nécessaire ; des perfectionnements nouveaux avaient permis de supprimer l'eau destinée autrefois à refroidir le cylindre de la machine.

Celle-ci était donc facile, *simple et maniable ;* le mécanicien, assis sur son siège, guidait une roue directrice ; une pédale, placée sous son pied, lui permettait de modifier instantanément la marche du véhicule.

Les voitures, de la force d'un cheval-vapeur, ne coûtaient pas par jour le prix d'un huitième de cheval ; la dépense du gaz, contrôlée d'une façon précise, permettait de calculer le travail utile de chaque voiture, et la Compagnie ne pouvait plus être trompée comme autrefois par ses cochers.

Ces gaz-cabs faisaient une grande consommation d'hydrogène, sans parler de ces énormes haquets, chargés de pierres et de matériaux, qui déployaient des forces d vingt à trente chevaux. Ce système Lenoir avait aussi l'ava tage de ne rien coûter pendant les heures de repos, écono impossible à réaliser avec les machines à vapeur, qui d rent leur combustible même aux temps d'arrêt.

Les moyens de transport étaient donc rapides dans les rues moins encombrées qu'autrefois, car une ordonnance du ministère de la Police interdisait à toute charrette, fardier, ou camion, de circuler après dix heures du matin, si ce n'est sur certaines voies réservées.

Ces diverses améliorations convenaient bien à ce siècle fiévreux, où la multiplicité des affaires ne laissait aucun repos et ne permettait aucun retard.

Qu'eût dit un de nos ancêtres à voir ces boulevards illuminés avec un éclat comparable à celui du soleil, ces mille voitures circulant sans bruit sur le sourd bitume des rues, ces magasins riches comme des palais, d'où la lumière se répandait en blanches irradiations, ces voies de communication larges comme des places, ces places vastes comme des plaines, ces hôtels immenses dans lesquels se logeaient somptueusement vingt mille voyageurs, ces viaducs si légers ; ces longues galeries élégantes, ces ponts lancés d'une rue à l'autre, et enfin ces trains éclatants qui semblaient sillonner les airs avec une fantastique rapidité.

Il eût été fort surpris sans doute ; mais les hommes de 1960 n'en étaient plus à l'admiration de ces merveilles ; ils en profitaient tranquillement, sans être plus heureux, car, à leur allure pressée, à leur démarche hâtive, à leur fougue américaine, on sentait que le démon de la fortune les poussait en avant sans relâche ni merci.

Chapitre III

Une famille éminemment pratique

Enfin, le jeune homme arriva chez son oncle, Monsieur Stanislas Boutardin, banquier, et directeur de la *Société des Catacombes de Paris.*

Ce personnage important demeurait dans un magnifique hôtel de la rue Impériale, énorme construction d'un mauvais goût merveilleux, percée d'une multitude de fenêtres, une véritable caserne transformée en habitation particulière, non pas imposante, mais lourde. Les bureaux occupaient le rez-de-chaussée et les annexes de l'hôtel.

« Voilà donc où va s'écouler ma vie, pensa Michel au moment d'entrer ! faut-il laisser toute espérance à la porte ? »

Il fut pris alors comme d'un invincible désir de s'enfuir au loin ; mais il se retint, et pressa le bouton électrique de la porte cochère ; celle-ci s'ouvrit sans bruit, mue par un ressort caché, et se referma d'elle-même, après avoir livré passage au visiteur.

Une vaste cour donnait accès dans les bureaux circulairement disposés sous une toiture de verre dépoli ; au fond s'ouvrait une large remise sous laquelle plusieurs gaz-cabs attendaient l'ordre du maître.

Michel se rendit à l'ascensoir, sorte de chambre autour de laquelle régnait un divan capitonné ; un domestique en livrée orange s'y tenait en permanence.

« Monsieur Boutardin, demanda Michel.

– Monsieur Boutardin vient de se mettre à table, répondit le valet de pied.

– Veuillez annoncer Monsieur Dufrénoy, son neveu. »

Le domestique toucha un bouton de métal situé dans la boiserie, et l'ascensoir s'éleva par un mouvement insensible jusqu'à la hauteur du premier étage, où se trouvait la salle à manger.

Le domestique annonça Michel Dufrénoy.

Monsieur Boutardin, Madame Boutardin et leur fils étaient à table ; un silence profond se fit à l'entrée du jeune homme ; son couvert l'attendait ; le dîner commençait à peine ; sur un signe de son oncle, Michel prit place au festin. On ne lui parla pas. On connaissait évidemment son désastre. Il ne put manger.

Ce repas avait un air funèbre ; les domestiques faisaient le service sans bruit ; les plats montaient en silence par des puits pratiqués dans l'épaisseur des murs ; ils étaient opulents avec un air d'avarice, et semblaient nourrir les convives à regret. Dans cette triste salle, ridiculement dorée, on mangeait vite et sans conviction. L'important, en effet, n'est pas de se nourrir, mais bien de gagner de quoi se nourrir. Michel sentait cette nuance ; il suffoquait.

Au dessert, son oncle prit la parole pour la première fois, et dit :

« Demain, monsieur, à la première heure, nous aurons à causer. »

Michel s'inclina sans répondre ; un domestique orange le conduisit à sa chambre ; le jeune homme se coucha ; le plafond hexagone rappelait à son esprit une foule de théorèmes géométriques ; il rêva, malgré lui, de triangles et de droites abaissées de leur sommet sur un de leurs côtés.

« Quelle famille », se disait-il, au milieu de son sommeil agité.

M. Stanislas Boutardin était le produit naturel de ce siècle d'industrie ; il avait poussé dans une serre chaude, et non grandi en pleine nature ; homme pratique avant tout, il ne faisait rien que d'utile, tournant ses moindres idées vers l'utile, avec un désir immodéré d'être utile, qui dérivait en un égoïsme véritablement idéal ; joignant l'utile au désagréable, comme eût dit Horace ; sa vanité perçait dans ses paroles, plus encore dans ses gestes, et il n'eût pas permis à son ombre de le précéder ; il s'exprimait par grammes et par centimètres, et portait en tout temps une canne métrique, ce qui lui donnait une grande connaissance des choses de ce monde ; il méprisait royalement les arts, et surtout les artistes, pour donner à croire qu'il les connaissait ; pour lui, la peinture s'arrêtait au lavis, le dessin à l'épure, la sculpture au moulage, la musique au sifflet des locomotives, la littérature aux bulletins de Bourse.

Cet homme, élevé dans la mécanique, expliquait la vie par les engrenages ou les transmissions ; il se mouvait régulièrement avec le moins de frottement possible, comme un piston dans un cylindre parfaitement alésé ; il transmettait son mouvement uniforme à sa femme, à son fils, à ses employés, à ses domestiques, véritables machines-outils, dont lui, le grand moteur, tirait le meilleur profit du monde.

Vilaine nature, en somme, incapable d'un bon mouvement, ni d'un mauvais, d'ailleurs ; il n'était ni bien, ni mal, insignifiant, souvent mal graissé, criard, horriblement commun.

Il avait fait une fortune énorme, si l'on peut appeler cela faire ; l'élan industriel du siècle l'entraîna ; aussi se montrat-il reconnaissant envers l'industrie, qu'il adorait comme une déesse ; il fut le premier à adopter, pour sa maison et lui, les vêtements en fer filé, qui firent leur apparition vers 1934. Ce genre d'étoffe, d'ailleurs, était doux à la main comme du cachemire, peu chaud, il est vrai ; mais en hiver, avec une bonne doublure, on s'en tirait ; quand ces habits inusables venaient à se rouiller, on les faisait repasser à la lime et repeindre aux couleurs du jour.

La position sociale du banquier était celle-ci : Directeur de la *Société des Catacombes de Paris et de la force motrice à domicile.*

Les travaux de cette société consistaient à emmagasiner l'air dans ces immenses souterrains si longtemps inutilisés ; on l'y refoulait sous une pression de quarante et cinquante atmosphères, force constante que des conduits amenaient aux ateliers, aux fabriques, aux usines, aux filatures, aux

minoteries, partout où une action mécanique devenait nécessaire. Cet air servait, comme on l'a vu, à mouvoir les trains
sur les railways des boulevards. Dix huit cent cinquante-trois
moulins à vent, établis dans la plaine de Montrouge, le
refoulaient au moyen de pompes dans ces vastes réservoirs.

Cette idée, très pratique à coup sûr, et qui revenait à
l'emploi des forces naturelles, fut vivement préconisée par
le banquier Boutardin ; il devint le Directeur de cette importante compagnie, tout en restant membre de quinze ou vingt
conseils de surveillance, vice-président de la *Société des
locomotives remorqueuses,* administrateur du *Sous-comptoir
des bitumes fusionnés,* etc., etc.

Il avait épousé, il y a quarante ans, Mademoiselle
Athénaïs Dufrénoy, tante de Michel ; c'était bien la digne et
revêche compagne d'un banquier, laide, épaisse, ayant tout
de la teneuse de livres et de la Caissière, rien de la femme ;
elle s'entendait en comptabilité, se jouait de la partie double,
et eût inventé la partie triple au besoin ; une véritable admi-
nistratrice, la femelle d'un administrateur.

Aima-t-elle M. Boutardin, et fut-elle aimée de lui ? Oui,
autant que pouvaient aimer ces cœurs industriels ; une
comparaison achèvera de les peindre tous les deux ; elle était
la locomotive, et lui le chauffeur-mécanicien ; il l'entretenait
en bon état, la frottait, la huilait, et elle roulait ainsi depuis
un demi-siècle, avec autant de sens et d'imagination qu'une
Crampton.

Inutile d'ajouter qu'elle ne dérailla jamais.

Quant au fils, multipliez la mère par le père, et vous avez
pour coefficient Athanase Boutardin, principal associé de la
maison de banque Casmodage et Cie ; un bien aimable
garçon, qui tenait de son père pour la gaieté et de sa mère
pour l'élégance. Il ne fallait pas dire un mot spirituel en sa
présence ; il semblait qu'on lui manquât, et ses sourcils se
fronçaient sur ses yeux hébétés. Il avait remporté au grand
concours le premier prix de banque. On peut dire qu'il ne
faisait pas seulement travailler l'argent, il l'éreintait ; il sentait l'usurier ; il cherchait à épouser quelque fille horrible
dont la dot compensât énergiquement la laideur. À vingt ans,
il portait déjà des lunettes d'aluminium. Son intelligence

étroite et routinière le poussait à taquiner ses commis par
des tracasseries de furet. Un de ses travers consistait à croire
sa caisse dégarnie, alors même qu'elle regorgeait d'or et de
billets. C'était un vilain homme, sans jeunesse, sans cœur,
sans amis. Son père l'admirait beaucoup.

Voilà donc cette famille, cette trinité domestique, à
laquelle le jeune Dufrénoy allait demander aide et protec-
tion. M. Dufrénoy, le frère de Mme Boutardin, possédait
toutes les douceurs de sentiments et les délicatesses exquises
qui se traduisaient chez sa sœur en aspérités. Ce pauvre
artiste, musicien de grand talent, né pour un siècle meilleur,
succomba jeune à la peine, ne léguant à son fils que ses
tendances de poète, ses aptitudes et ses aspirations.

Michel devait bien avoir quelque part un oncle, un certain
Huguenin, duquel on ne parlait jamais, un de ces hommes
instruits, modestes, pauvres, résignés, dont rougissent les
familles opulentes ; mais on interdisait à Michel de le voir,
et il ne le connaissait même pas ; il n'y fallait donc pas
songer.

La situation de l'orphelin dans le monde, était donc bien
déterminée : un oncle impuissant à lui venir en aide, d'une
part – de l'autre, une famille riche de ces qualités qui se
frappent à la monnaie, avec ce qu'il faut exactement de cœur
pour renvoyer le sang aux artères.

Il n'y avait pas là de quoi remercier la providence.

Le lendemain, Michel descendit au cabinet de son oncle,
un cabinet grave, s'il en fut, et tendu d'une étoffe sérieuse :
là se trouvaient le banquier, sa femme et son fils. Cela
menaçait d'être solennel.

Monsieur Boutardin, debout à la cheminée, la main dans
son gilet, et donnant de la poitrine, s'exprima en ces termes :

« Monsieur, vous allez entendre des paroles que je vous
prie de graver dans votre mémoire. Votre père était un
artiste. Ce mot dit tout. J'aime à penser que vous n'avez pas
hérité de ses malheureux instincts. Cependant j'ai découvert
en vous des germes qu'il importe de détruire. Vous nagez
volontiers dans les sables de l'idéal et, jusqu'ici, le résultat
le plus clair de vos efforts a été ce prix de vers latins, que
vous avez honteusement remporté hier. Chiffrons la situa-

tion. Vous êtes sans fortune, ce qui est une maladresse ; un peu plus, vous étiez sans parents. Or, je ne veux pas de poètes dans ma famille, entendez-vous bien ! Je ne veux pas de ces individus qui viennent cracher des rimes à la face des gens ; vous avez une famille riche ; ne la compromettez pas. Or, l'artiste n'est pas loin du grimacier auquel je jette cent sols de ma stalle pour qu'il amuse mes digestions. Vous m'entendez. Pas de talent. Des capacités. Comme je n'ai remarqué en vous aucune aptitude spéciale, j'ai décidé que vous entreriez dans la maison de banque Casmodage et Cie, sous la haute direction de votre cousin ; prenez exemple sur lui, travaillez à devenir un homme pratique ! Souvenez-vous qu'une part du sang des Boutardin coule dans vos veines, et, pour mieux vous rappeler mes paroles, ayez soin de ne jamais les oublier. »

En 1960, on le voit, la race des Prud'homme n'était pas encore éteinte ; ils avaient conservé les belles traditions. Que pouvait répondre Michel à une pareille tirade ? Rien, il se tut donc, tandis que sa tante et son cousin approuvaient du crâne.

« Vos vacances, reprit le banquier, commencent ce matin et finissent ce soir. Demain vous serez présenté au chef de la maison Casmodage et Cie. Allez. »

Le jeune homme quitta le cabinet de son oncle ; les larmes lui noyaient les yeux ; mais il se raidit contre le désespoir.

« Je n'ai qu'un jour de liberté, se dit-il ; du moins, je l'emploierai à ma guise ; j'ai quelques sols ; commençons par fonder ma bibliothèque avec les grands poètes et les auteurs illustres du siècle dernier. Chaque soir, ils me consoleront des ennuis de la journée. »

Chapitre IV

De quelques auteurs du XIXe siècle, et de la difficulté de se les procurer

Michel gagna rapidement la rue et se dirigea vers la Librairie des Cinq parties du Monde, immense dock situé rue de la Paix, et dirigée par un haut fonctionnaire de l'État.

« Toutes les productions de l'esprit humain doivent être enfouies là », se dit le jeune homme.

Il pénétra dans un vaste vestibule, au centre duquel un bureau télégraphique correspondait avec les points les plus reculés des magasins ; une légion d'employés circulait incessamment ; des contrepoids, jouant dans les murs, enlevaient les commis jusqu'aux rayons supérieurs des salles ; une foule considérable assiégeait le bureau, et les facteurs pliaient sous des charges de livres.

Michel, stupéfait, essayait en vain de compter les innombrables ouvrages qui hérissaient les murailles, et son regard se perdait dans les galeries sans fin de cet établissement impérial.

« Je n'arriverai jamais à lire tout cela », pensait-il, en prenant la file devant le bureau. Enfin il arriva au guichet.

— Que désirez-vous, monsieur, lui dit l'employé, chef de section des Demandes.

— Je voudrais avoir les œuvres complètes de Victor », répondit Michel.

L'employé ouvrit des yeux démesurés.

— Victor Hugo ?, dit-il. Qu'est-ce qu'il a fait ?

— C'est un des grands poètes du XIXe siècle, le plus grand même, répondit le jeune homme en rougissant.

— Connaissez-vous cela ? demanda l'employé à un second employé, chef de la Section des Recherches.

— Je n'en ai jamais entendu parler, répondit ce dernier. Vous êtes bien sûr du nom ? demanda-t-il au jeune homme.

— Parfaitement sûr.

— C'est qu'il est rare, reprit le commis, que nous vendions ici des ouvrages littéraires. Mais enfin, puisque vous êtes certain... Rhugo, Rhugo,... dit-il en télégraphiant.

— Hugo, répéta Michel. Veuillez demander en même temps, Balzac, de Musset, Lamartine.

— Des savants ?

— Non ! Des auteurs.

— Vivants ?

— Morts depuis un siècle.

— Monsieur, nous allons faire tous nos efforts pour vous obliger ; mais je crains bien que nos recherches ne soient longues, sinon vaines.

— J'attendrai », répondit Michel.

Et il se retira dans un coin, abasourdi ! Ainsi, toute cette grande renommée ne durait pas un siècle ! *Les Orientales, les Méditations, les Premières Poésies, la Comédie humaine,* oubliées, perdues, introuvables, méconnues, inconnues !

Cependant, il y avait là des cargaisons de livres que de grandes grues à vapeur descendaient au milieu des cours, et les acheteurs se pressaient au bureau des demandes. Mais l'un voulait avoir la *Théorie des frottements* en vingt volumes, l'autre la *Compilation des problèmes électriques,* celui-ci le *Traité pratique du graissage des roues motrices,* celui-là la *Monographie du nouveau cancer cérébral.*

« Quoi ! se disait Michel, de la science ! de l'industrie ici comme au collège, et rien pour l'art ! Et j'ai l'air d'u insensé à demander des ouvrages littéraires ! suis-je fou

Michel se plongea dans ses réflexions pendant une gra heure ; et les recherches continuaient, et le télégraphe f tionnait sans relâche, et l'on faisait confirmer le no auteurs ; on fouillait les caves, les greniers ; mais en fallut y renoncer.

« Monsieur, dit enfin au jeune homme un employé, chef de la Section des Réponses, nous n'avons pas cela. Ces auteurs étaient sans doute peu connus de leur temps ; leurs ouvrages n'auront pas été réédités...

— *Notre-Dame de Paris,* répondit Michel, a été tirée à cinq cent mille exemplaires.

— Je veux vous croire, monsieur, mais en fait de vieux auteurs réimprimés de nos jours, nous n'avons que Paul de Kock, un moraliste du siècle dernier ; cela paraît fort bien écrit, et si vous voulez...

— Je chercherai ailleurs, répondit Michel.

— Oh ! Vous ferez tout Paris sans rien trouver. Ce qui ne se rencontre pas ici, ne se rencontre nulle part.

— Nous verrons bien, dit Michel en s'éloignant.

— Mais, monsieur, reprit l'employé, qui eût été digne par son zèle d'être garçon d'épicier, si vous vouliez des œuvres littéraires contemporaines ? Nous avons quelques productions qui ont fait un certain bruit pendant ces dernières années ; cela ne s'est pas mal vendu pour des livres de poésie...

— Ah ! fit Michel alléché, vous avez des poésies modernes ?

— Sans doute. Et, entre autres, les *Harmonies Électriques* de Martillac, ouvrage couronné par l'Académie des Sciences, les *Méditations sur l'oxygène* de M. de Pulfasse, le *Parallélogramme poétique,* les *Odes décarbonatées*... »

Michel n'avait pu en entendre davantage, et il se retrouvait dans la rue, atterré, stupéfait ! Ce peu d'art n'avait donc pas échappé à l'influence pernicieuse du temps ! La science, la chimie, la mécanique, faisaient irruption dans le domaine de la poésie !

« Et on lit ces choses-là, répétait-il en courant à travers ⟨le⟩s rues ; on les achète presque ! Et cela est signé ! Et cela ⟨pre⟩nd place sur des rayons littéraires ! Et l'on cherche en ⟨vai⟩n un Balzac, un Victor Hugo ! Mais où les trouver ! ah ! ⟨la bi⟩bliothèque. »

⟨Mi⟩chel, d'un pas rapide, se rendit à la bibliothèque impé⟨riale,⟩ ⟨don⟩t⟨ l⟩es bâtiments, singulièrement accrus, s'étendaient sur ⟨la gran⟩de partie de la rue Richelieu, depuis la rue Neuvedes-Petits-Champs, jusqu'à la rue de la Bourse. Les livres, sans cesse agglomérés, avaient fait craquer les anciennes murailles de l'Hôtel de Nevers. On imprimait chaque année des quantités fabuleuses d'ouvrages scientifiques ; les éditeurs ne suffisant plus, l'État éditait lui-même : les neuf cents volumes laissés par Charles V, mille fois multipliés, n'eussent pas donné le chiffre actuel des volumes empilés dans la bibliothèque ; de huit cent mille qu'il atteignait en 1860, il montait alors à plus de deux millions.

Michel se fit indiquer la partie des bâtiments réservée aux lettres, et il prit par l'escalier des hiéroglyphes, que des maçons étaient en train de restaurer à grands coups de pioche.

Michel, arrivé dans la salle des lettres, la trouva déserte, et plus curieuse aujourd'hui dans son abandon qu'autrefois pleine d'une studieuse foule. Quelques étrangers la visitaient encore, comme on va voir le Sahara, et on leur montrait la place où mourut un arabe, en 1875, à la table même qu'il occupa pendant toute sa vie.

Les formalités nécessaires pour obtenir un ouvrage ne laissaient pas d'être compliquées ; le bulletin signé du demandeur devait contenir le titre du livre, son format, la date de sa publication, le numéro de l'édition, et le nom de l'auteur, c'est-à-dire qu'à moins d'être déjà un savant, on n'arrivait pas à savoir ; de plus, le requérant indiquait son âge, son domicile, sa profession et le but de ses recherches.

Michel se conforma au règlement, et remit son bulletin parfaitement en règle au bibliothécaire qui dormait ; à son exemple, les garçons de salle ronflaient épouvantablement sur des chaises accotées au mur ; leurs fonctions étaient devenues une sinécure aussi complète que les fonctions de placeur à l'Odéon.

Le bibliothécaire, réveillé en sursaut, regarda l'audacieu jeune homme ; il lut le bulletin et parut stupéfait de demande ; après avoir longuement réfléchi, à la grande reur de Michel, il adressa ce dernier à un employé su terne, qui travaillait près de sa fenêtre, sur un petit b solitaire.

Michel se trouva en présence d'un homme âgé de s

dix ans, œil vif, figure souriante, avec l'air d'un savant qui
croirait ignorer toutes choses. Ce modeste employé prit le
bulletin et le lut attentivement.

« Vous demandez les auteurs du dix-neuvième siècle, dit-
il ; c'est bien de l'honneur pour eux ; cela va nous permettre
de les épousseter. Nous disons, monsieur... Michel
Dufrénoy ? »

À ce nom, le vieillard releva vivement la tête.

« Vous êtes Michel Dufrénoy, s'écria-t-il ! En effet, je ne
vous avais pas encore regardé !

— Vous me connaissez ?...

— Si je vous connais !... »

Le vieillard ne put continuer ; une véritable émotion se
peignait sur sa bonne figure ; il tendit la main à Michel, et
celui-ci, de confiance, la serra affectueusement.

« Je suis ton oncle, dit enfin le bonhomme, ton vieil oncle
Huguenin, le frère de ta pauvre mère.

— Mon oncle ! vous ! s'écria Michel ému.

— Tu ne me connais pas ! mais je te connais mon enfant !
j'étais là quand tu as remporté ton magnifique prix de vers
latins ! mon cœur battait bien fort, et tu ne t'en doutais pas !

— Mon oncle !

— Il n'y a pas de ta faute, mon cher enfant, je le sais ! je
me tenais à l'écart, loin de toi, pour ne pas te faire de tort
dans la famille de ta tante ; mais je suivais tes études pas à
pas, jour par jour ! Je me disais : il n'est pas possible que
l'enfant de ma sœur, le fils du grand artiste, n'ait rien
conservé des poétiques instincts de son père, et je ne me
trompais pas, puisque tu viens ici me demander nos grands
poètes de la France ! Oui mon enfant ! je te les donnerai !
nous les lirons ensemble ! personne ne viendra nous
déranger ! personne ne nous regarde ! que je t'embrasse pour
la première fois ! »

Le vieillard serrait dans ses bras le jeune homme, qui se
sentait renaître sous ses étreintes. C'était jusqu'alors la plus
forte émotion de sa vie.

— Mais, mon oncle, demanda-t-il, comment avez-vous pu
rester au courant de mon enfance ?

— Mon cher fils, j'ai pour ami un brave homme qui t'aime

bien, ton professeur Richelot, et j'ai su par lui que tu étais
des nôtres ! je t'ai vu à l'œuvre ; j'ai lu ta composition de
vers latins ; un sujet un peu difficile à traiter, par exemple,
à cause des noms propres : *Le Maréchal Pélissier sur la
tour Malacoff*. Mais enfin la mode en est toujours aux vieux
sujets historiques et, ma foi, tu ne t'en es pas mal tiré !

— Oh ! fit Michel.

— Mais non, reprit le vieux savant, tu as fait deux longues
et deux brèves de Pelissierus, une brève et deux longues de
Malacoff et tu as eu raison ! Tiens ! j'ai retenu ces deux
beaux vers :

> *Jam Pelissiero pendenti ex turre Malacoff*
> *Sebastopolitam concedit Jupiter urbem...* [1]

Ah ! mon enfant, que de fois, sans cette famille qui me
méprise et qui, en somme, payait ton éducation, que de fois,
j'aurais été encourager tes belles inspirations ! Mais, maintenant, tu viendras me voir, et souvent.

— Tous les soirs, mon oncle, pendant mes heures de
liberté.

— Mais il me semble que tes vacances...

— Des vacances, mon oncle ! demain matin, j'entre dans
la maison de banque de mon cousin !

— Toi ! dans une maison de banque, s'écria le vieillard !
toi ! dans les affaires ! C'est vrai ! que deviendrais-tu ? un
pauvre bonhomme comme moi ne peut te servir à rien ! ah !
mon enfant, avec tes idées, avec tes aptitudes, tu es né bien
tard, je n'ose dire bien tôt, car au train dont vont les choses,
il n'est même plus permis d'espérer dans l'avenir !

— Mais ne puis-je refuser ? ne suis-je pas libre ?

— Non ! tu n'es pas libre ; Monsieur Boutardin est malheureusement plus que ton oncle ; il est ton tuteur ; je n[e]
veux pas, je ne dois pas t'encourager à suivre une v[oie]
funeste ; non, tu es jeune ; travaille à gagner l'indépenda[nce,]
et alors, si tes goûts n'ont pas changé, si je suis enco[re de]
ce monde, viens me trouver.

1. Alors à Pélissier, dont le sort était suspendu
à la tour de Malacoff
Jupiter abandonne la ville de Sebastopol

— Mais, ce métier de banquier me fait horreur, répondit Michel, avec animation.

— Sans doute, mon enfant, et s'il y avait place pour deux à mon foyer, je te dirais : viens, nous serons heureux ; mais cette existence ne te mènerait à rien, puisqu'il faut absolument être mené à quelque chose ; non ! travaille ! oublie-moi pendant quelques années ; je te donnerais de mauvais conseils ; ne parle pas de la rencontre que tu as faite de ton oncle ; cela pourrait te nuire ; ne pense plus au vieillard qui serait mort depuis longtemps, n'était sa douce habitude de venir trouver chaque jour ses vieux amis sur les rayons de cette salle.

— Quand je serai libre, dit Michel.

— Oui ! dans deux ans ! tu en as seize ; tu seras majeur à dix-huit ; nous attendrons ; mais n'oublie pas, Michel, que j'aurai toujours en réserve pour toi une bonne poignée de main, un bon conseil et un bon cœur. Tu viendras me voir, ajouta le vieillard en se contredisant lui-même.

— Oui ! oui ! mon oncle. Où demeurez-vous ?

— Loin, très loin ! dans la plaine Saint-Denis ; mais l'embranchement du boulevard Malesherbes me met à deux pas de chez moi ; j'ai là une chambre bien petite et bien froide, mais elle sera grande, quand tu y viendras, et chaude quand je presserai tes mains dans les miennes. »

La conversation de l'oncle et du neveu se prolongeait de la sorte ; le vieux savant voulait étouffer chez le jeune homme ces belles tendances qu'il admirait, et sa parole venait à chaque instant trahir sa volonté ; il savait ce que la situation d'un artiste aurait de faux, de déclassé, d'impossible.

Ils causèrent ainsi de tout ; le bonhomme se posa comme un vieux livre que le jeune homme viendrait feuilleter quelquefois, et bon tout au plus à lui raconter les choses du temps passé.

Michel parla du but de sa visite à la bibliothèque, et interrogea son oncle sur la décadence de la littérature.

La littérature est morte, mon enfant, répondit l'oncle ; ces salles désertes, et ces livres ensevelis dans leur

poussière ; on ne lit plus ; je suis ici gardien de ce cimetière,
et l'exhumation est interdite. »

Pendant cette conversation, le temps s'écoula rapidement.
« Quatre heures, s'écria l'oncle, il faut nous séparer.

— Je vous reverrai, dit Michel.

— Oui ! Non ! mon enfant ! ne parlons jamais de littérature ! jamais d'art ! accepte la situation telle qu'elle est ! tu
es le pupille de Monsieur Boutardin, avant d'être le neveu
de ton oncle Huguenin !

— Laissez-moi vous reconduire, dit le jeune Dufrénoy.

— Non ! on pourrait nous voir. J'irai seul.

— Alors, à dimanche prochain, mon oncle.

— À dimanche, mon cher fils. »

Michel sortit le premier, mais il attendit dans la rue ; il
vit le vieillard se diriger vers le boulevard d'un pas encore
ferme ; il le suivit de loin jusqu'à la station de la Madeleine.

« Enfin, se dit-il, je ne suis plus seul au monde ! »

Il revint à l'hôtel. La famille Boutardin dînait heureusement en ville, et Michel passa paisiblement dans sa chambre
son premier et dernier soir de vacances.

Chapitre V

Où il est traité des machines à calculer, et des caisses qui se défendent elles-mêmes

Le lendemain, à huit heures. Michel Dufrénoy se dirigeait vers les bureaux de la banque Casmodage et Cie ; ils occupaient, rue Neuve-Drouot, l'une de ces maisons construites sur l'emplacement du vieil opéra ; le jeune homme fut introduit dans un vaste parallélogramme, garni d'appareils d'une singulière structure, dont il ne se rendit pas compte tout d'abord. Cela ressemblait à des pianos formidables.

En portant ses regards vers le bureau adjacent, Michel aperçut des caisses gigantesques : elles avaient des airs de citadelles ; un peu plus, elles étaient crénelées, et chacune d'elles eût logé facilement une garnison de vingt hommes.

Michel ne put s'empêcher de tressaillir à la vue de ces coffres cuirassés et blindés.

« Ils paraissent être à l'épreuve de la bombe », se dit-il.

Un homme d'une cinquantaine d'années, sa plume d'oie matinale à l'oreille, se promenait avec gravité le long de ces monuments. Michel reconnut bientôt qu'il appartenait à la famille des gens de chiffre, ordre des Caissiers ; cet individu exact, rangé, grognon et rageur, encaissait avec enthousiasme et ne payait pas sans douleur ; il semblait regarder les paiements comme des vols faits à sa caisse, et ses encaissements comme des restitutions. Une soixantaine de commis, expéditionnaires, copistes, griffonnaient, et calculaient sous sa haute direction.

Michel était appelé à prendre place parmi eux ; un garçon de bureau le conduisit près de l'important personnage qui l'attendait.

« Monsieur, lui dit le Caissier, en entrant ici, vous oublierez tout d'abord que vous appartenez à la famille Boutardin. C'est l'ordre.

— Je ne demande pas mieux, répondit Michel.

— Pour commencer votre apprentissage, vous serez attaché à la machine n° 4. »

Michel se retourna et aperçut la machine n° 4. C'était un appareil à calculer.

Il y avait loin du temps où Pascal contruisait un instrument de cette sorte, dont la conception parut si merveilleuse alors. Depuis cette époque, l'architecte Perrault, le comte de Stanhope, Thomas de Colmar, Mauret et Jayet, apportèrent d'heureuses modifications à ce genre d'appareil.

La maison Casmodage possédait de véritables chefs-d'œuvre ; ses instruments ressemblaient, en effet, à de vastes pianos ; en pressant les touches d'un clavier, on obtenait instantanément des totaux, des restes, des produits, des quotients, des règles de proportion, des calculs d'amortissement et d'intérêts composés pour des périodes infinies et à tous les taux possibles. Il y avait des notes hautes qui donnaient jusqu'à cent cinquante pour cent ! Rien de merveilleux comme ces machines qui eussent battu sans peine les Mondeux et les [?][1].

Seulement, il fallait savoir en jouer, et Michel dut prendre des leçons de doigté.

On le voit, il entrait dans une maison de banque qui appelait à son aide et adoptait toutes les ressources de la mécanique.

D'ailleurs, à cette époque, l'abondance des affaires, la multiplicité des correspondances, donna aux simples fournitures de bureaux une importance extraordinaire.

Ainsi, le courrier de la maison Casmodage ne compren[a] pas moins de trois mille lettres par jour, lancées à tous [les] coins des deux mondes. Une machine Lenoir de la force

1. Nom propre manquant dans le manuscrit.

quinze chevaux ne cessait de copier ces lettres que cinq cents employés lui expédiaient sans relâche.

Et cependant, la télégraphie électrique aurait dû singulièrement diminuer le nombre des lettres, car des perfectionnements nouveaux permettaient alors à l'expéditeur de correspondre directement avec le destinataire ; le secret de la correspondance se trouvait ainsi gardé, et les affaires les plus considérables se traitaient à distance. Chaque maison avait ses fils particuliers, d'après le système Wheatstone en usage depuis longtemps dans toute l'Angleterre. Les cours des innombrables valeurs cotées au marché libre venaient s'inscrire d'eux-mêmes sur des cadrans placés au centre des Bourses de Paris, de Londres, de Francfort, d'Amsterdam, de Turin, de Berlin, de Vienne, de Saint-Pétersbourg, de Constantinople, de New York, de Valparaiso, de Calcutta, de Sydney, de Pékin, de Nouka-hiva.

De plus, la télégraphie photographique, inventée au siècle dernier par le professeur Giovanni Caselli de Florence, permettait d'envoyer au loin le fac-similé de toute écriture, autographe ou dessin, et de signer des lettres de change ou des contrats à cinq mille lieues de distance.

Le réseau télégraphique couvrait alors la surface entière des continents et le fond des mers ; l'Amérique ne se trouvait pas à une seconde de l'Europe, et dans l'expérience solennelle qui fut faite en 1903 à Londres, deux expérimentateurs correspondirent entre eux, après avoir fait parcourir à leur dépêche le tour de la terre.

On comprend qu'à cette époque d'affaires, la consommation du papier avait dû s'accroître dans des proportions inattendues ; la France qui en fabriquait soixante millions de kilogrammes, il y a cent ans, en dépensait alors plus de trois cents millions ; on ne craignait plus d'ailleurs que les chiffons vinssent à manquer, et ils se trouvaient avantageusement remplacés par l'alfa, l'aloès, le topinambour, le lupin et vingt autres plantes peu coûteuses ; en douze heures, les procédés de Watt et Burgess faisaient d'une pièce de bois un papier magnifique ; les forêts ne servaient plus au chauffage mais à l'impression.

La maison Casmodage adopta, l'une des premières, ce

papier de bois ; lorsqu'elle l'employait en traites, en billets, en actions, on le préparait à l'acide gallique de Lemfelder, qui le rendait inattaquable aux agents chimiques des faussaires ; le nombre des voleurs croissant avec celui des affaires, il fallait se défier...

Telle était cette maison dans laquelle se brassaient des affaires énormes. Le jeune Dufrénoy devait y jouer le plus modeste rôle ; il allait être premier servant de sa machine à calculer, et, le jour même, il entra en fonction.

Ce fut une grande difficulté pour lui que ce travail mécanique ; il n'avait pas le feu sacré, et l'appareil fonctionnait assez mal sous ses doigts ; il eut beau faire, un mois après son installation, il commettait plus d'erreurs qu'au premier jour, et cependant, il faillit en devenir fou.

On le tenait sévèrement, d'ailleurs, pour briser en lui les velléités d'indépendance et les instincts de l'artiste ; il n'eut pas un dimanche, pas une soirée à donner à son oncle, et sa seule consolation fut de lui écrire en secret.

Bientôt, le découragement, le dégoût le prirent ; il fut incapable de continuer ce travail de manœuvre.

À la fin de novembre, la conversation suivante eut lieu à son sujet entre M. Casmodage, Boutardin fils et le Caissier.

« Ce garçon là est souverainement inintelligent, disait le banquier.

— La vérité m'oblige d'en convenir, répondait le Caissier.

— C'est ce qu'on appelait autrefois un artiste, reprenait Athanase, et ce que nous nommons un insensé.

— La machine devient un instrument dangereux entre ses mains, répondait le banquier ; il nous apporte des additions pour des soustractions, et n'a jamais pu nous donner un calcul d'intérêt à quinze pour cent seulement !

— C'est pitoyable, disait le cousin.

— Mais à quoi l'employer ? reprit le Caissier.

— Il sait lire ? demanda M. Casmodage.

— Cela est à supposer, répondit Athanase d'un air doute.

— On pourrait l'utiliser au Grand Livre ; il dicte Quinsonnas qui réclame un aide.

– Vous avez raison, répliqua le cousin ; dicter, voilà tout ce dont il est capable, car il a une affreuse écriture.

– Et cela, à une époque où tout le monde écrit bien, répondit le Caissier.

– S'il ne réussit pas dans ce nouveau travail, dit M. Casmodage, il ne sera bon qu'à balayer les bureaux !

– Et encore, fit le cousin.

– Qu'il vienne », dit le banquier.

Michel comparut devant le redoutable triumvirat.

« Monsieur Dufrénoy, dit le chef de la maison, en appelant sur ses lèvres le plus méprisant de ses sourires, votre incapacité notoire nous oblige à vous retirer la direction de la machine n° 4 ; les résultats que vous obtenez sont une cause incessante d'erreurs dans nos écritures ; cela ne peut continuer.

– Je regrette, monsieur... répondit froidement Michel.

– Vos regrets sont inutiles, reprit sévèrement le banquier ; vous serez attaché dorénavant au Grand Livre. On m'affirme que vous savez lire. Vous dicterez. »

Michel ne répondit rien. Peu lui importait ! Le Grand Livre ou la Machine ! L'un valait l'autre ! Il se retira donc, après avoir demandé quand sa position changerait !

« Demain, lui répondit Athanase ; Monsieur Quinsonnas sera prévenu. »

Le jeune homme quitta les bureaux, songeant, non pas à son nouveau travail, mais à ce Quinsonnas dont le nom l'effrayait ! Que pouvait être cet homme ? Quelque individu vieilli dans la copie des articles du Grand Livre, balançant depuis soixante années des comptes courants, en proie à la fièvre du solde et à la frénésie du contre-passement ! Michel s'étonnait d'une chose, c'est que le teneur de livres ne fût pas encore remplacé par une machine.

Cependant, il eut une joie véritable d'abandonner son appareil à calculer ; il était fier de l'avoir mal dirigé ; cette machine avait un faux air de piano, qui lui répugnait.

Michel, renfermé dans la chambre, vit arriver rapidement ... au milieu de ses réflexions ; il se coucha, mais il ne ... ormir ; une sorte de cauchemar s'emparait de son cerveau ... e Grand Livre lui apparaissait avec des proportions fantastiques ; tantôt, il se sentait pressé entre les feuilles blanches comme les plantes desséchées d'un herbier, ou bien emprisonné dans le dos de la reliure qui l'écrasait sous ses armatures de cuivre.

Il se leva fort agité, et pris de l'insurmontable désir de considérer cet engin formidable.

« C'est de l'enfantillage, se dit-il, mais j'en aurai le cœur net. »

Il sauta hors de son lit, ouvrit la porte de sa chambre, et, tâtonnant, trébuchant, les bras étendus, les yeux clignotants, il s'aventura dans les bureaux.

Les vastes salles étaient obscures et silencieuses, elles, que le fracas de l'argent, le tintement de l'or, le froissement des billets, le grincement des plumes sur le papier, remplissaient pendant le jour de ce bruit particulier aux maisons de banque. Michel s'avançait au hasard, se perdant au milieu de ce labyrinthe ; il n'était pas trop fixé sur la situation du Grand Livre ; mais il allait ; il lui fallut traverser la salle des machines ; il les aperçut dans l'ombre.

« Elles dorment, se dit-il, elles ne calculent pas ! »

Et il continua son voyage de reconnaissance, en prenant par le bureau des caisses gigantesques, se heurtant à chaque pas.

Tout à coup, il sentit le terrain manquer sous ses pieds, un bruit épouvantable se produisit ; les portes des salles se fermèrent avec fracas ; les verrous et les pênes se précipitèrent dans leurs gâches ; des sifflets assourdissants sortirent des corniches ; une illumination soudaine éclaira les bureaux, tandis que Michel, descendant toujours, semblait s'abîmer dans quelque gouffre sans fond.

Éperdu, épouvanté, au moment où le sol parut s'affermir, il voulut prendre la fuite. Impossible ! il se trouvait prisonnier dans une cage de fer.

En cet instant, des gens à demi vêtus, se précipitaient vers lui.

« C'est un voleur, s'écriait l'un.

— Il est pris, disait l'autre !

— Allez chercher la police ! »

Michel ne tarda pas à reconnaître parmi les témoins de son désastre M. Casmodage et le cousin Athanase.

« Vous, s'écria l'un.

— Lui ! s'écria l'autre.

— Vous alliez crocheter ma Caisse !

— Il ne manquait plus que cela !

— C'est un somnambule, dit quelqu'un. »

Pour l'honneur du jeune Dufrénoy, cette opinion rallia la majorité de ces hommes en chemise. On décagea le prisonnier, victime innocente des Caisses perfectionnées qui se défendent toutes seules.

En étendant les bras dans l'obscurité, Michel avait frôlé la Caisse des valeurs, sensible et pudique comme une jeune fille ; un appareil de sûreté s'était immédiatement mis à fonctionner. Le sol s'entrouvrit au moyen d'un plancher mobile, tandis que les bureaux s'illuminaient électriquement au bruit des portes violemment repoussées. Les employés, réveillés par des sonneries puissantes, se précipitèrent vers la cage descendue jusqu'au sous-sol.

« Cela vous apprendra, dit le banquier au jeune homme, à vous promener où vous n'avez que faire ! »

Michel honteux, ne trouva rien à répondre.

« Hein ! quel ingénieux appareil, s'écriait Athanase.

— Cependant, lui répliqua M. Casmodage, il ne sera complet que lorsque le voleur, déposé dans un wagon de sûreté, sera conduit sous la pression d'un ressort à la préfecture de police !

— Et surtout, pensa Michel, lorsque la machine lui fera d'elle-même l'application de l'article du code relatif aux vols avec effraction ! »

Mais il garda cette réflexion pour lui, et s'enfuit au milieu des éclats de rire.

Chapitre VI

Où Quinsonnas apparaît
sur les sommets élevés du Grand Livre

Le lendemain, Michel se dirigea vers les bureaux de la comptabilité, au milieu des chuchotements ironiques des commis ; son aventure de la nuit courait de bouche en bouche, et l'on ne se gênait pas pour en rire.

Michel arriva dans une salle immense surmontée d'un dôme en verre dépoli ; au milieu, et sur un seul pied, chef-d'œuvre de mécanique, se dressait le Grand Livre de la maison de banque. Il méritait ce nom de Grand plus justement que Louis XIV ; il avait vingt pieds de haut ; un mécanisme intelligent permettait de le diriger comme un télescope, vers tous les points de l'horizon ; un système de légères passerelles, ingénieusement combiné, s'abaissait ou s'élevait suivant les besoins de l'écrivain.

Sur les feuillets blancs, larges de trois mètres, se déroulaient en lettres de trois pouces, les opérations journalières de la maison. Les *Caisses à Divers,* les *Divers à Caisse,* les *Caisses à Négociations,* détachées en encre d'or, faisaient plaisir à voir aux gens qui avaient ce goût-là. D'autres encres multicolores relevaient vivement les reports et la pagination ; quant aux chiffres, superbement superposés dans les colonnes d'addition, les francs se détachaient en rouge écarlate, et les centimes, poussés jusqu'à la troisième décimale, sortaient en vert foncé.

Michel fut stupéfait à la vue de ce monument. Il demanda
M. Quinsonnas.

On lui indiqua un jeune homme perché sur la passerelle
la plus élevée ; il prit par l'escalier tournant, et en quelques
instants, il parvint au sommet du Grand Livre.

M. Quinsonnas était en train de mouler une F majuscule
de trois pieds de longueur, avec une incomparable sûreté de
main.

« Monsieur Quinsonnas, dit Michel.

— Donnez-vous la peine d'entrer, répondit le teneur de
livres ; à qui ai-je l'honneur de parler ?

— À Monsieur Dufrénoy.

— Est-ce que vous êtes le héros d'une aventure qui...

— Je suis ce héros, répondit hardiment Michel.

— Cela fait votre éloge, reprit Quinsonnas, vous êtes un
honnête homme ; un voleur ne s'y serait pas laissé prendre.
Voilà mon opinion. »

Michel regarda fixement son interlocuteur ; ce dernier se
moquait-il ? La figure effroyablement sérieuse du teneur de
livres ne permettait pas cette supposition.

« Je suis à vos ordres, dit Michel.

— Et moi, aux vôtres, répondit le copiste.

— Qu'aurai-je à faire ?

— Le voici : me dicter d'une voix claire et lente les articles
du journal que je passe sur le Grand Livre ! Ne vous trompez
pas ! Accentuez. Voix de poitrine ! Pas d'erreur ! Une rature,
et je suis mis à la porte. »

Il n'y eut pas d'autre entrée en matière, et le travail
commença.

Quinsonnas était un garçon de trente ans, qui, à force
d'être sérieux, pouvait en paraître quarante. Cependant, il
ne fallait pas le dévisager trop attentivement, car sous cette
épouvantable gravité, on eût fini par démêler beaucoup de
jovialité contenue et un air spirituel de tous les diables.
Michel, au bout de trois jours, crut remarquer quelque chose
de cela.

Et cependant, la réputation de simplicité du teneur de
livres, pour ne pas dire de bêtise, était bien faite dans les
bureaux ; on racontait sur lui des histoires à faire pâlir

Calino du temps ! Mais son exactitude et sa belle écriture, voilà quelles étaient ses deux qualités indiscutables ; il n'avait pas son pareil dans *la Grande Bâtarde,* et n'admettait pas de rivaux dans *l'Anglaise Retournée.*

Pour son exactitude, on n'eût pas pu l'exiger plus complète, car, grâce à son inintelligence proverbiale, il avait échappé aux deux corvées si gênantes pour un commis, du jury et de la Garde Nationale. Ces deux grandes institutions fonctionnaient encore en l'an de grâce 1960.

Voici dans quelles circonstances Quinsonnas fut rayé des listes de l'un et des cadres de l'autre.

Il y a un an à peu près, le sort l'amena sur le banc des jurés ; il s'agissait d'une affaire d'assises très grave, mais surtout très longue ; elle durait depuis huit jours ; on espérait la terminer enfin ; on touchait à l'interrogatoire des derniers témoins ; mais on avait compté sans Quinsonnas. Au milieu de l'audience, celui-ci se leva, et pria le président de poser une question à l'accusé. Cela fut fait, et l'accusé répondit à la demande de son juré.

« Eh bien alors, dit Quinsonnas, à haute voix, il est évident que l'accusé n'est pas coupable. »

On juge de l'effet ! il est interdit au jury d'émettre son opinion pendant le cours des débats, à peine de nullité ! La maladresse de Quinsonnas fit donc renvoyer l'affaire à une autre session ! Et Tout était à recommencer ; et comme l'incorrigible juré, involontairement ou plutôt naïvement, retomba dans la même faute, aucune cause ne put être jugée !

Que pouvait-on dire au malencontreux Quinsonnas ? Il parlait évidemment malgré lui, sous l'émotion des débats ; sa pensée lui échappait ! C'était une infirmité, mais enfin, comme il fallait que la justice eût son cours, il fut définitivement rayé de la liste du jury.

Ce fut autre chose pour la Garde Nationale.

La première fois qu'on le mit en sentinelle à la porte de mairie, il prit sa faction au sérieux ; il se campa militai-ment devant sa guérite, son fusil armé, le doigt sur la chette, et prêt à faire feu, comme si l'ennemi dût débou-par la rue voisine. Naturellement, on regarda ce fac-ire si zélé, on s'attroupa ; quelques passants inoffensifs sourirent. Cela déplut au farouche garde national ; il en arrêta un, puis deux, puis trois ; au bout de ses deux heures de faction, il avait rempli le poste. Cela fit presque une émeute.

Que pouvait-on lui dire ? Il était dans son droit ; il se prétendait insulté sous les armes ! Il avait la religion du drapeau. Cela ne manqua pas de se reproduire à sa garde suivante, et, comme on ne put modérer ni son zèle ni sa susceptibilité, très honorable après tout, on le raya des cadres.

Quinsonnas passa pour un imbécile au fond, mais voilà comment il ne fit plus partie ni du jury ni de la Garde Nationale.

Délivré de ces deux grandes corvées sociales, Quinsonnas devint un teneur de livres modèles.

Pendant un mois, Michel dicta régulièrement ; son travail était facile, mais il ne lui laissait pas un instant de liberté ; Quinsonnas écrivait, jetant parfois un regard étonnamment spirituel sur le jeune Dufrénoy, lorsque celui-ci se prenait à déclamer d'un accent inspiré les articles du Grand Livre.

« Drôle de garçon, se disait-il intérieurement ; il a pourtant l'air supérieur à son métier ! pourquoi l'a-t-on mis là, lui le neveu du Boutardin ? Est-ce pour me supplanter ? pas possible ! il écrit comme un chat de cuisinière ! Serait-ce vraiment un jeune imbécile ! il faudra que j'en aie le cœur net ! »

De son côté, Michel se livrait à des réflexions identiques.

« Ce Quinsonnas doit cacher son jeu, se disait-il ! Évidemment, il n'est pas né pour mouler éternellement des F ou des M ! il y a des instants où je l'entends rire aux éclats in petto ! À quoi pense-t-il ? »

Les deux camarades du Grand Livre s'observaient ainsi mutuellement ; il leur arrivait de se regarder avec des yeux clairs et francs, d'où jaillissait une étincelle communicative. Cela ne pouvait durer, Quinsonnas mourait d'envie d'interroger, et Michel de répondre, et, un beau jour, sans savoir pourquoi, par besoin d'épanchement, Michel fut conduit raconter sa vie ; il le fit avec entraînement, plein de sentiments trop longtemps contenus. Quinsonnas fut très probablement ému, car il serra chaudement la main de son jeune compagnon.

« Mais votre père, lui demanda-t-il.

— C'était un musicien.

— Quoi ! Ce Dufrénoy qui a laissé les dernières pages dont la musique puisse s'enorgueillir !

— Lui-même.

— Un homme de génie, répondit Quinsonnas avec feu, pauvre et méconnu, mon cher enfant, et qui fut mon maître, à moi !

— Votre maître ! fit Michel stupéfait.

— Eh bien ! oui ! s'écria Quinsonnas en brandissant sa plume, au diable la réserve ! *Io son pictor !* Je suis musicien.

— Un artiste ! répliqua Michel.

— Oui ! mais pas si haut ! je me ferais remercier, dit Quinsonnas en comprimant la surprise du jeune homme.

— Mais...

— Ici, je suis teneur de livres ; le copiste nourrit le musicien, jusqu'au moment... »

Il s'arrêta, regardant fixement Michel.

« Eh bien ! fit ce dernier.

— Eh bien, jusqu'au moment où j'aurai trouvé quelque idée pratique !

— En industrie ! répliqua Michel désappointé.

— Non, mon fils, répondit paternellement Quinsonnas ! En musique.

— En musique ?

— Silence ! Ne m'interroge pas ! c'est un secret ; mais moi je veux étonner mon siècle ! Ne rions pas ! le rire est puni de mort à notre époque, qui est sérieuse !

— Étonner son siècle, répétait machinalement le jeune homme.

— Voilà ma devise, répondit Quinsonnas ; l'étonner, puisqu'on ne peut plus le charmer ! Je suis né comme vous, cent ans trop tard ; imitez-moi, travaillez ! gagnez votre pain, puisqu'il faut en arriver à cette chose ignoble : manger ! Je vous apprendrai crânement la vie, si vous voulez ; il y a quinze ans que je nourris mon individu d'une façon insuffisante, et il m'a fallu de bonnes dents pour broyer ce que destin me fourrait dans la bouche ! mais enfin, avec de la mâchoire, on s'en tire ! Je suis heureusement tombé sur une

espèce de métier ; j'ai une belle main comme on dit ! Sacre-
dieu ! si je devenais manchot ! qu'est-ce que je ferais ? ni
piano, ni Grand Livre ! Bah ! avec le temps, on jouerait des
pieds ! Eh ! Eh ! J'y pense ! mais voilà qui pourrait étonner
mon siècle. »

Michel ne put s'empêcher de rire.

« Ne riez pas, malheureux, reprit Quinsonnas ! c'est
défendu dans la maison Casmodage ! Voyez ! j'ai une figure
à fendre des pierres, et un air à geler le bassin des Tuileries
en plein juillet ! Vous n'ignorez pas que les philanthropes
américains avaient imaginé jadis d'enfermer leurs pri-
sonniers dans des cachots ronds pour ne pas même leur
laisser la distraction des angles. Eh bien, mon fils, la société
actuelle est ronde comme ces prisons-là ! Aussi on s'y
ennuie à plaisir !

— Mais, répondit Michel, il me semble que vous avez en
vous un fond de gaieté...

— Ici, non ! mais chez moi, c'est autre chose ! Vous vien-
drez me voir ! Je vous ferai de la bonne musique ! Celle du
vieux temps !

— Quand vous voudrez, répondit Michel avec joie ; mais
il faudra que je sois libre...

— Bon ! je dirai que vous avez besoin de prendre des
leçons de dictée. Mais, ici, plus de ces conversations sub-
versives ! Je suis un rouage, vous êtes un rouage ! fonc-
tionnons et reprenons les litanies de la Sainte Comptabilité !

— Caisse à Divers, reprit Michel.

— Caisse à Divers » répéta Quinsonnas.

Et le travail recommença. À partir de ce jour, l'existence
du jeune Dufrénoy fut sensiblement modifiée ; il avait un
ami ; il parlait ; il pouvait se faire comprendre, heureux
comme un muet qui aurait retrouvé la parole. Les sommets
du Grand Livre ne lui apparaissaient plus comme des cimes
désertes, et il y respirait à l'aise. Bientôt, les deux camarades
s'honorèrent d'un tutoiement réciproque.

Quinsonnas faisait part à Michel de toutes les acquisitio
de son expérience, et celui-ci, pendant ses insomnies, s
geait aux déceptions de ce monde ; il revenait au burea

matin, enflammé par ses pensées de la nuit, et il entreprenait le musicien, qui ne parvenait pas à lui imposer silence.

Bientôt le Grand Livre ne fut plus à jour.

« Tu nous feras faire quelque bonne erreur, répétait sans cesse Quinsonnas, et on nous mettra à la porte !

— Mais, il faut bien que je parle, répondait Michel.

— Eh bien, lui dit un jour Quinsonnas, tu viendras dîner chez moi aujourd'hui même, avec mon ami Jacques Aubanet.

— Chez toi ! mais la permission ?

— Je l'ai. Où en étions-nous ?

— Caisse à Liquidation, reprit Michel.

— Caisse à Liquidation » répéta Quinsonnas.

Chapitre VII

Trois bouches inutiles à la Société

Après la fermeture des bureaux, les deux amis se dirigè-
rent vers la demeure de Quinsonnas, située rue Grange-aux-
Belles ; ils s'en allèrent, bras dessus, bras dessous, Michel
heureux de sa liberté ; il faisait des pas de conquérant.

Il y a loin de la maison de banque à la rue Grange-aux-
Belles ; mais se loger était difficile alors dans une capitale
trop petite pour ses cinq millions d'habitants ; à force
d'élargir les places, de percer des avenues et de multiplier
les boulevards, le terrain menaçait de manquer aux habi-
tations particulières. Ce qui justifiait ce mot du temps : à
Paris, il n'y a plus de maisons, il n'y a que des rues !

Certains quartiers même n'offraient pas un seul logement
aux habitants de la Capitale, entre autres, la Cité où s'élevaient seulement le Tribunal de Commerce, le Palais de
Justice, la Préfecture de Police, la cathédrale, la morgue,
c'est-à-dire de quoi être déclaré failli, condamné, emprisonné, enterré et même repêché. Les édifices avaient chassé
les maisons.

Cela expliquait l'excessive cherté des loyers actuels ; la
Compagnie Impériale Générale Immobilière possédait à peu
près tout Paris, de compte à demi avec le Crédit Foncier et
donnait de magnifiques dividendes. Cette société due à deux
financiers habiles du dix-neuvième siècle, les frères Péreire,
trouvait également propriétaire des principales villes de
nce, Lyon, Marseille, Bordeaux, Nantes, Strasbourg,

Lille, après les avoir reconstruites peu à peu. Ses actions, cinq fois dédoublées, se cotaient encore 4 450 francs au marché libre de la Bourse.

Les gens, peu aisés, qui ne voulaient pas s'éloigner du centre des affaires, devaient donc se loger haut ; ce qu'ils gagnaient en proximité, ils le perdaient en élévation, question de fatigue, dès lors, et non de temps.

Quinsonnas demeurait au douzième étage, dans une vieille maison à escalier, qu'un ascensoir eût remplacé avec avantage. Mais le musicien ne s'en trouvait pas plus mal, une fois chez lui.

Arrivé rue Grange-aux-Belles, il s'élança dans la vis tournante.

« Ne crains pas de monter toujours, dit-il à Michel, qui le suivit dans son vol ! nous arriverons ! rien n'est éternel en ce monde, pas même les escaliers. Voilà », fit-il, en ouvrant lui-même sa porte, après une essoufflante ascension.

Il poussa le jeune homme dans « ses appartements », une chambre de seize mètres carrés.

« Pas d'antichambre, lui dit-il ! c'est bon pour les gens qui font attendre et, comme la foule des solliciteurs ne se précipitera jamais à mon douzième étage, par cette raison physique que l'on ne se précipite pas de bas en haut, je me passe de cette superfluité ; j'ai également supprimé le salon qui eût trop fait remarquer l'absence de la salle à manger.

— Mais tu me parais fort bien ici, dit Michel.

— En aussi bon air, du moins, que le permet l'ammoniaque des boues de Paris.

— Cela semble petit, au premier abord, dit Michel.

— Et au second aussi, mais c'est suffisant.

— D'ailleurs, c'est bien distribué, répondit Michel en riant.

— Eh bien, la mère, dit Quinsonnas, à une vieille femme qui entrait en ce moment, le dîner est-il en train ? Nous serons trois convives affamés.

— Cela marche, Monsieur Quinsonnas, répondit la femme de ménage ; mais je n'ai pu mettre le couvert, faute de tabl

— Nous nous en passerons ! s'écria Michel, qui trouv charmante cette perspective de dîner sur ses genoux.

Trois bouches inutiles à la Société 77

– Comment ! nous nous en passerons ! répliqua Quinsonnas ; t'imagines-tu que j'invite des amis à dîner, sans avoir une table à leur offrir !

– Je ne vois pas », répondit Michel, en jetant un coup d'œil inutile autour de lui...

La chambre en effet, ne contenait ni table, ni lit, ni armoire, ni commode, ni chaise ; pas un meuble, mais un piano considérable.

« Tu ne vois pas, répondit Quinsonnas. Eh bien ! et l'industrie, cette bonne mère, et la mécanique, cette bonne fille, tu les oublies donc ? Voici la table demandée. »

Ce disant, il s'approcha du piano, pressa un bouton, et fit jaillir, c'est le mot, une table munie de bancs, à laquelle trois convives pouvaient tenir à l'aise.

« C'est ingénieux, fit Michel.

– Il a bien fallu en venir là, répondit le pianiste, puisque l'exiguïté des appartements ne permettait plus d'avoir des meubles spéciaux ! Vois cet instrument complexe, produit des *Maisons Erard et Jeanselme fusionnées !* il sert à tout et n'encombre pas, et je te prie de croire que le piano n'en est pas plus mauvais pour cela.

En ce moment, le timbre de la porte résonna. Quinsonnas ouvrit, et annonça son ami Jacques Aubanet, employé dans la *Compagnie Générale des Mines en Mer*. Michel et Jacques furent présentés l'un à l'autre, sans aucune espèce de cérémonie.

Jacques Aubanet, joli garçon de vingt-cinq ans, était fort lié avec Quinsonnas, et déclassé comme lui. Michel ne savait pas à quel genre de travaux la *Compagnie des Mines en Mer* occupait ses employés ; mais Jacques en rapportait un appétit formidable.

Le repas était heureusement prêt ; les trois jeunes gens dévorèrent ; après le premier instant de cette lutte avec les comestibles, quelques paroles se livrèrent enfin passage à vers les morceaux moins hâtés.

Mon cher Jacques, dit Quinsonnas, en te présentant Michel Dufrénoy, j'ai voulu te faire connaître un jeune ami des nôtres, un de ces pauvres diables auxquels la

Société refuse l'emploi de leurs aptitudes, une de ces bouches inutiles que l'on cadenasse pour ne pas les nourrir.

— Ah ! Monsieur Dufrénoy est un rêveur, répondit Jacques.

— Un poète, mon ami ! et je te demande un peu ce qu'il est venu faire en ce monde, où le premier devoir de l'homme est de gagner de l'argent !

— Évidemment, reprit Jacques, il s'est trompé de planète.

— Mes amis, dit Michel, vous n'êtes pas encourageants ; mais je fais la part de vos exagérations.

— Ce cher enfant, répliqua Quinsonnas, il espère, il travaille, il s'enthousiasme pour les bons livres, et quand on ne lit plus Hugo, Lamartine, Musset, il espère se faire lire encore ! Mais, malheureux ! as-tu donc inventé une poésie utilitaire, une littérature qui remplace la vapeur d'eau ou le frein instantané ? Non ? eh bien ! ronge le tien, mon fils ! si tu ne racontes pas quelque chose d'étonnant, qui t'écoutera ? L'art n'est plus possible que s'il arrive au tour de force ! De notre temps, Hugo réciterait ses *Orientales* en cabriolant sur les chevaux du cirque, et Lamartine écoulerait ses *Harmonies* du haut d'un trapèze, la tête en bas !

— Par exemple, s'écria Michel bondissant.

— Du calme, enfant, répondit le pianiste, et demande à Jacques si j'ai raison !

— Cent fois, dit Jacques ; ce monde n'est plus qu'un marché, une immense foire, et il faut l'amuser avec des farces de bateleur.

— Pauvre Michel, fit Quinsonnas en soupirant, son prix de vers latins lui tournera la tête !

— Que veux-tu prouver ? demanda le jeune homme.

— Rien, mon fils ! après tout, tu suis ta destinée ! tu es un grand poète ! j'ai vu de tes œuvres ; tu me permettras seulement de te dire qu'elles ne sont pas au goût du siècle.

— Comment cela ?

— Sans doute ! tu traites des sujets poétiques, et maintenant, c'est une faute en poésie ! Tu chantes les prairies, l vallons, les nuages, les étoiles, l'amour, toutes choses usé et dont on ne veut plus !

— Mais que dire alors ? fit Michel.

— Il faut célébrer dans tes vers les merveilles de l'industrie !

— Jamais ! s'écria Michel.

— Il a bien dit cela, répliqua Jacques.

— Voyons, reprit Quinsonnas, connais-tu l'ode couronnée, il y a un mois, par les quarante de Broglie, qui encombrent l'Académie ?

— Non !

— Eh bien ! Écoute et profite ! Voici les deux dernières strophes :

Le charbon porte alors sa flamme incendiaire
Dans les tubes ardents de l'énorme chaudière !
Le monstre surchauffé ne craint pas de rivaux !
La machine rugit sous sa tremblante écorce,
Et, tendant sa vapeur, développe une force
         de quatre-vingts chevaux.

Mais de son lourd levier le chauffeur vient contraindre
Les tiroirs à s'ouvrir, et dans l'épais cylindre,
Rapide et gémissant, court le double piston !
La roue a patiné ! La vitesse s'active !
Le sifflet part !... Salut à la locomotive
         du système Crampton !

— Horreur, s'écria Michel.

— Bien rimé, fit Jacques.

— Voilà, mon fils, répondit l'impitoyable Quinsonnas ! Fasse le ciel que tu ne sois pas obligé de te suffire avec ton talent, et prends exemple sur nous, qui nous rendons à l'évidence, en attendant de meilleurs jours.

— Est-ce que monsieur Jacques, demanda Michel, se trouve également dans la nécessité d'exercer quelque métier répugnant ?

— Jacques est expéditionnaire dans une compagnie industrielle, répondit Quinsonnas, ce qui ne veut pas dire, à son grand regret, qu'il fasse partie d'une expédition !

— Que veut-il dire ? demanda Michel.

— Il veut dire, répondit Jacques, que j'aurais aimé à être soldat !

— Soldat ! fit le jeune homme étonné.

— Oui ! Soldat ! métier charmant, dans lequel, il y a cinquante ans à peine, on gagnait honorablement son existence !

— À moins qu'on ne la perdît plus honorablement encore, répliqua Quinsonnas. Enfin, c'est une carrière finie, puisqu'il n'y a plus d'armée, à moins de se faire gendarme. Jacques à une autre époque fût entré dans une École militaire, ou se fût engagé, et là, battant, battu, il serait devenu général comme un Turenne ou Empereur comme un Bonaparte ! Mais, mon brave officier, il faut y renoncer maintenant.

— Bah ! qui sait, répondit Jacques ! la France, l'Angleterre, la Russie, l'Italie ont renvoyé leurs soldats, c'est vrai ; on avait au siècle dernier poussé si loin le perfectionnement des engins de guerre, cela était devenu si ridicule, que la France ne put s'empêcher d'en rire...

— Et ayant ri, dit Quinsonnas, elle fut désarmée.

— Oui ! mauvais plaisant ! Je t'accorde que sauf la vieille Autriche, les nations Européennes ont supprimé l'État militaire ! mais a-t-on pour cela supprimé l'esprit de bataille naturel à l'homme, et l'esprit de conquête naturel aux gouvernements ?

— Sans doute, répliqua le musicien.

— Et pourquoi ?

— Parce que la meilleure raison qu'avaient ces instincts-là d'exister, c'était la possibilité de les satisfaire ! parce que rien ne pousse à la bataille comme la paix armée, suivant l'expression du vieux temps ! parce que si tu supprimes les peintres, il n'y a plus de peinture, les sculpteurs, plus de sculpture, les musiciens, plus de musique, et les guerriers plus de guerres ! Les soldats sont des artistes.

— Oui ! certes ! s'écria Michel, et plutôt que de faire mon affreux métier, je me serais engagé.

— Ah ! tu t'en mêles, moutard, répondit Quinsonnas ! Est-ce que par hasard, tu aimerais à te battre ?

— Se battre élève l'âme, répondit Michel, suivant Stendhal, l'un des grands penseurs du siècle dernier.

– Oui ! fit le pianiste, mais il ajouta : quel esprit faut-il pour donner un coup de sabre ?

– Il en faut beaucoup pour le bien donner, répondit Jacques.

– Et encore plus, pour le bien recevoir, riposta Quinsonnas ! ma foi, mes amis, il est possible que vous ayez raison, à un certain point de vue, et je pousserais peut-être à vous faire soldat, s'il y avait encore une armée ; avec un peu de philosophie, c'est un beau métier ! Mais enfin, puisque le Champ de Mars a été converti en collège, il faut renoncer à se battre.

– On y reviendra, dit Jacques ; un beau jour, surgira quelque complication inattendue...

– Je n'en crois rien, mon brave ami, car les idées belliqueuses s'en vont, et même les idées honorables. En France, autrefois, on avait peur du ridicule, et tu sais si le point d'honneur existe encore ! On ne se bat plus en duel ; cela est passé de mode ; on transige ou on plaide ; or, si l'on ne se bat plus par honneur, le fera-t-on par politique ? Si les individus ne mettent plus l'épée à la main, pourquoi les gouvernements la tireraient-ils du fourreau ? Les batailles ne furent jamais plus nombreuses qu'à l'époque des duels, et s'il n'y a plus de duellistes, il n'y a plus de soldats.

– Oh ! ils renaîtront, répondit Jacques.

– À quel propos, puisque les liens du commerce resserrent les peuples entre eux ! Les Anglais, les Russes, les Américains n'ont-ils pas leur bank-notes, leurs roubles, leurs dollars engagés dans nos entreprises commerciales ? L'argent n'est-il pas l'ennemi du plomb, et la balle de coton n'a-t-elle pas remplacé la balle conique ! Mais réfléchis, Jacques ! est-ce que les Anglais, usant d'un droit qu'ils nous refusent, ne deviennent pas peu à peu les grands propriétaires fonciers de la France ? Ils ont des terres immenses à eux, presque des départements, non conquis, mais payés, ce qui est plus sûr ! on n'y a pas pris garde, on a laissé faire ; bien que ces gens-là arriveront à posséder notre sol tout tier, et prendront leur revanche sur Guillaume le Conqué-t.

Mon cher, répondit Jacques, retiens bien ceci, et, vous,

jeune homme écoutez, car c'est la profession de foi du
siècle ; on a dit : que sais-je, sous Montaigne, peut-être avec
Rabelais, qu'est-ce que cela me fait, au dix-neuvième siècle.
On dit maintenant : qu'est-ce que cela rapporte ? Eh bien,
le jour où une guerre rapportera quelque chose, comme une
affaire industrielle, la guerre se fera.

– Bon ! La guerre n'a jamais rien rapporté, en France
surtout.

– Parce qu'on se battait pour l'honneur et non pour
l'argent, répondit Jacques.

– Alors tu crois à une armée de négociants intrépides ?

– Sans doute. Vois les Américains dans leur épouvantable
guerre de 1863.

– Eh bien ! Mon cher, une armée, poussée au combat par
ce mobile d'argent, ne se composerait plus de soldats, mais
d'affreux pillards !

– Elle ferait tout de même des prodiges de valeur,
répliqua Jacques.

– Des prodiges de voleurs », riposta Quinsonnas.

Et les trois jeunes gens de rire !

« Pour conclure, reprit le pianiste, voici Michel, un poète,
Jacques un soldat, Quinsonnas, un musicien, et cela, au
moment où il n'y a plus ni musique, ni poésie, ni armée !
Nous sommes tout bonnement stupides. Mais voilà le repas
terminé ; il a été fort substantiel, au moins par la conversation. Passons à d'autres exercices. »

La table desservie rentra dans sa rainure, et le piano reprit
la place d'honneur.

Chapitre VIII

Où il est traité de la musique ancienne et moderne et de l'utilisation pratique de quelques instruments

« Enfin, s'écria Michel, nous allons donc faire un peu de musique.

– Surtout, pas de musique moderne, dit Jacques, c'est trop difficile...

– À comprendre, oui, répondait Quinsonnas ; à faire, non.

– Comment cela ? demanda Michel.

– Je m'explique, dit Quinsonnas, et je vais appuyer mes paroles d'un exemple frappant. Michel, prends la peine d'ouvrir ce piano. »

Le jeune homme obéit.

« Bon. Maintenant, assois-toi sur le clavier.

– Comment ? Tu veux...

– Assois-toi, te dis-je. »

Michel se laissa choir sur les touches de l'instrument, et produisit une harmonie déchirante.

« Sais-tu ce que tu fais là, lui demanda le pianiste.

– Je ne m'en doute guère !

– Innocent, tu fais de l'harmonie moderne.

– Vrai ! dit Jacques.

– Voilà tout bonnement un accord de nos jours ! et, chose ravantable, les savants actuels se chargent de l'expliquer tifiquement ! Autrefois, certaines notes seulement pou- s'allier entre elles ; mais on les a réconciliées depuis, et elles ne jurent plus ! elles sont trop bien élevées pour cela !

— Mais ce n'en est pas moins désagréable, répondit Jacques.

— Que veux-tu, mon ami, nous en sommes arrivés là par la force des choses ; au siècle dernier, un certain Richard Wagner, une sorte de messie qu'on n'a pas assez crucifié, fonda la musique de l'avenir, et nous la subissons ; de son temps, on supprimait déjà la mélodie, il jugea convenable de mettre également l'harmonie à la porte, et la maison est restée vide.

— Mais, dit Michel, c'est comme si l'on faisait de la peinture sans dessin ni couleur.

— Précisément, répondit Quinsonnas. Tu parles de peinture, mais la peinture n'est pas un art français ; il nous vient d'Italie et d'Allemagne, et je souffrirais moins à le voir profané ! Tandis que la musique, la fille de nos entrailles...

— Je croyais, dit Jacques, que la musique était originaire de l'Italie !

— Erreur, mon fils ; jusqu'au milieu du seizième siècle, la musique française a dominé l'Europe ; le Huguenot Goudimel fut le maître de Palestrina, et les plus vieilles comme les plus naïves mélodies sont gauloises.

— Et nous en sommes arrivés à ce point, dit Michel.

— Oui, mon fils ; sous prétexte de formules nouvelles, une partition ne se compose plus que d'une phrase unique, longue, filante, infinie. À l'Opéra, elle commence à huit heures du soir, et se termine à minuit moins dix ; pour peu qu'elle se prolonge de cinq minutes, elle coûte à la direction une amende et doubles frais de garde !

— Et cela passe sans protestation ?

— Mon fils, on ne goûte plus la musique, on l'avale ! quelques artistes ont lutté ; ton père fut du nombre ; mais depuis sa mort, il n'a pas été écrit une seule note digne de ce nom ! Ou nous subissons la nauséabonde *mélodie de forêt vierge,* fade, filandreuse, indéterminée, ou l'on produit des fracas harmonieux, dont tu nous as donné un si touchant exemple, en t'asseyant sur le piano.

— Triste ! fit Michel.

— Horrible, répondit Jacques.

— Aussi, mes amis, reprit Quinsonnas, vous avez dû remarquer quelles grandes oreilles nous avons !

— Non, répondit Jacques.

— Eh bien ! compare-les aux oreilles antiques et aux oreilles du moyen âge, examine les tableaux et les statues, mesure et tu seras effrayé ! les oreilles grandissent à mesure que la taille humaine décroît : ce sera joli un jour ! Eh bien ! mes amis, les naturalistes ont été chercher bien loin la cause de cette décadence ! c'est la musique qui nous vaut de pareils appendices ; nous vivons dans un siècle de tympans racornis et d'ouïes faussées. Vous comprenez bien qu'on ne s'introduit pas impunément pendant un siècle du Verdi ou du Wagner dans les oreilles sans que l'organe auditif ne s'en ressente.

— Ce diable de Quinsonnas est effrayant, dit Jacques.

— Mais cependant, répondit Michel, on joue encore les chefs-d'œuvre anciens à l'Opéra.

— Je le sais, répliqua Quinsonnas ; il est même question d'y reprendre *l'Orphée aux Enfers* d'Offenbach avec les récitatifs introduits par Gounod dans ce chef-d'œuvre, et il est possible que cela fasse un peu d'argent, à cause du ballet ! ce qu'il faut à ce public éclairé, mes amis, c'est de la danse ! Quand on pense que l'on a construit un monument de vingt millions, surtout pour y faire manœuvrer des sauteuses, c'est à vous donner envie d'être né d'une de ces créatures-là ! On a réduit *les Huguenots* en un acte, et ce petit lever de rideau accompagne les ballets à la mode ; on a diaphanéisé les maillots avec une perfection qui vaut la nature, et cela égaye nos financiers ! L'Opéra, d'ailleurs, est devenu une succursale de la Bourse ; on y crie tout autant ; les affaires s'y traitent à voix haute, et de la musique, on ne se préoccupe guère ! Entre nous, il faut le dire, l'exécution laisse à désirer !

— Beaucoup à désirer, répondit Jacques ; les chanteurs mugissent, glapissent, hurlent, braient, et font tout ce qui n'est pas chanter. Une ménagerie !

— Quant à l'orchestre, reprit Quinsonnas, il est bien tombé depuis que l'instrument ne suffit plus à nourrir l'instrumentiste ; voilà un métier qui n'est pas pratique ! ah ! si l'on pouvait utiliser la force perdue des pédales d'un piano à l'épuisement de l'eau dans les houillères ! Si l'air qui s'échappe des ophicléides servait aussi à mouvoir les moulins de la *Société des Catacombes* ! Si le mouvement alternatif du trombone pouvait être appliqué à une scierie mécanique, oh ! alors, les exécutants seraient riches et nombreux !

— Tu veux rire, s'écria Michel.

— Sacrebleu, répondit sérieusement Quinsonnas, je ne serais pas surpris que quelque puissant inventeur n'y arrivât un jour ! l'esprit d'invention est si développé en France ! C'est même le seul esprit qui nous reste ! Et je vous prie de croire qu'il ne rend pas les conversations éblouissantes ! Mais qui songe à s'amuser ? Ennuyons-nous les uns les autres ! Voilà la règle !

— N'y a-t-il donc aucun remède à cela, demanda Michel.

— Aucun, tant que régneront la finance et la machine ! Et encore, j'en veux surtout à la machine !

— Pourquoi cela !

— Parce que la finance a cela de bon qu'elle peut au moins payer les chefs-d'œuvre, et il faut bien manger, même quand on a du génie ! Les Gênois, les Vénitiens, les Florentins sous Laurent le Magnifique, banquiers et négociants, encourageaient les arts ! Mais, mécaniciens, le diable m'emporte si les Raphaël, les Titien, les Veronese, les Léonard eussent jamais existé ! on leur eût fait concurrence avec des procédés mécaniques, et ils seraient morts de faim ! Ah ! la machine ! C'est à prendre en horreur les inventeurs et les inventions !

— Mais enfin, dit Michel, tu es musicien, Quinsonnas, tu travailles ! tu passes les nuits à ton piano ! refuses-tu de jouer la musique moderne !

— Moi ! par exemple ! j'en joue comme un autre ! tenez, je viens de faire un morceau au goût du jour, et je crois son succès, s'il trouve un éditeur.

— Et tu l'appelles ?

— *La Thiloríenne, grande fantaisie sur la Liquéfactio*
l'Acide carbonique.

— Est-il possible, s'écria Michel.

— Écoute et juge », répondit Quinsonnas.

Il se mit au piano ou plutôt, il s'y jeta. Sous ses doigts, sous ses mains, sous ses coudes, le malheureux instrument rendit des sons impossibles ; les notes se heurtaient et crépitaient comme la grêle. Pas de mélodie ! plus de rythme ! L'artiste avait la prétention de peindre la dernière expérience qui coûta la vie à Thilorier.

« Hein ! s'écriait-il ! entendez-vous ! comprenez-vous ! assistez-vous à l'expérience du grand chimiste ! Êtes-vous assez introduits dans son laboratoire ? Sentez-vous comme l'acide carbonique se dégage ? nous voici à une pression de quatre cent quatre-vingt-quinze atmosphères ! le cylindre s'agite ! prenez garde ! prenez garde ! l'appareil va éclater ! sauve qui peut ! »

Et d'un coup de poing capable de broyer l'ivoire, Quinsonnas reproduisit l'explosion.

« Ouf ! fit-il ! est-ce assez imitatif ! est-ce assez beau ! »

Michel demeurait stupéfait. Jacques ne pouvait se tenir de rire.

« Et tu comptes sur ce morceau-là, dit Michel.

— Si j'y compte ! répondit Quinsonnas ! c'est de mon temps ! tout le monde est chimiste. Je serai compris. Seulement l'idée ne suffit pas, il faut encore l'exécution.

— Que veux-tu dire ? demanda Jacques.

— Sans doute ! c'est par l'exécution que je prétends étonner mon siècle.

— Mais il me semble, reprit Michel, que tu joues merveilleusement ce morceau.

— Allons donc ! fit l'artiste en haussant les épaules ! Je n'en connais pas la première note, et pourtant, voilà trois ans que je l'étudie !

— Que veux-tu faire de plus ?

— C'est mon secret, mes enfants ; ne me le demandez pas ; vous me traiteriez de fou, et cela me découragerait. Mais je vais vous assurer que le talent des Liszt et des Thalberg, Prudent et des Schulhoff sera singulièrement dépassé.

Veux-tu donc faire trois notes de plus qu'eux à la ...de ? demanda Jacques.

...on ! mais je prétends jouer du piano d'une manière ...e qui émerveillera le public ! Comment ? Je ne puis vous le dire. Une allusion, une indiscrétion, et l'on me volerait mon idée. Le vil troupeau des imitateurs se lancerait sur mes traces, et je veux être seul. Mais cela demande un travail surhumain ! Quand je serai sûr de moi, ma fortune sera faite, et je dirai adieu à la Tenue des Livres.

— Voyons, tu es fou, répondit Jacques.

— Non pas ! Je ne suis qu'insensé, ce qu'il faut être pour réussir ! Mais revenons à des émotions plus douces et tâchons de faire revivre un peu de ce passé charmant pour lequel nous étions nés. Mes amis, voici la vérité en musique ! »

Quinsonnas était un grand artiste ; il jouait avec un sentiment profond, il savait tout ce que les siècles précédents léguèrent à celui-ci, qui n'acceptait pas le legs ! il prit l'art à sa naissance, passant rapidement d'un maître à un autre, et il complétait par une voix assez rude, mais sympathique, ce qui manquait à l'exécution. Il déroula devant ses amis charmés l'histoire de la musique, allant de Rameau à Lulli, à Mozart, à Beethoven, à Weber, les fondateurs de l'art, pleurant avec les douces inspirations de Grétry, et triomphant dans les pages superbes de Rossini et de Meyerbeer.

« Écoutez, disait-il, voici les chants oubliés de Guillaume Tell, de Robert, des Huguenots ; voici l'aimable époque d'Hérold et d'Auber, deux savants qui s'honoraient de ne rien savoir ! Eh ! que vient faire la science en musique ? A-t-elle accès dans la peinture ? Non ! et peinture ou musique, c'est tout un ! Voilà comment on comprenait ce grand art pendant la première moitié du dix-neuvième siècle ! On ne cherchait pas les formules nouvelles ; il n'y a rien de nouveau à trouver en musique, pas plus qu'en amour, prérogative charmante des arts sensuels d'être éternellement jeunes !

— Bien dit, s'écria Jacques.

— Mais alors, reprit le pianiste, quelques ambitieux se tirent le besoin de se lancer dans des voies inconnues, · leur suite, ils ont entraîné la musique à l'abîme.

— Est-ce à dire, demanda Michel, que tu ne comptes un seul musicien depuis Meyerbeer et Rossini ?

— Si fait ! répondit Quinsonnas en modulant har

de ré naturel en mi-bémol ; je ne te parle pas de Berlioz, le chef de l'école des impuissants dont les idées musicales s'écoulèrent en feuilletons envieux ; mais voici quelques héritiers des grands maîtres ; écoute Félicien David, un spé- cialiste que les savants de nos jours confondent avec le roi David, premier harpiste des Hébreux ! Goûte avec recueille- ment ces inspirations simples et vraies de Massé, le dernier musicien de sentiment et de cœur, qui dans son *Indienne* a donné le chef-d'œuvre de son époque ! Voici Gounod, le splendide compositeur du *Faust* qui mourut quelque temps après s'être fait ordonner prêtre dans l'Église Wagnérienne. Voici l'homme du bruit harmonique, le héros du fracas musical, qui fit de la grosse mélodie comme on faisait alors de la grosse littérature, Verdi, l'auteur de l'inépuisable *Tro- vatore,* qui contribua singulièrement pour sa part à égarer le goût du siècle.

Enfin Wagnerbe vint... »

Quinsonnas, en ce moment, laissa ses doigts que le rythme ne contenait plus, errer dans les incompréhensibles rêveries de la Musique Contemplative, procédant par intervalles abrupts, et se perdant au milieu de sa phrase infinie.

L'artiste avait fait valoir avec un incomparable talent les gradations successives de l'art ; deux cents ans de musique venaient de passer sous ses doigts et ses amis l'écoutaient, muets, émerveillés.

Soudain, au milieu d'une forte élucubration de l'école Wagnérienne, au moment où la pensée déroutée se perdait sans retour, où les sons faisaient peu à peu place aux bruits dont la valeur musicale n'est plus appréciable, une chose simple, mélodique, d'un caractère suave, d'un sentiment par- fait, se prit à chanter sous les mains du pianiste. C'était le alme succédant à la tempête, la note du cœur après les gissements et les vagissements.

« Ah ! fit Jacques !

Mes amis, répondit Quinsonnas, il s'est encore trouvé and artiste inconnu qui renfermait en lui seul le génie musique. Ceci est de 1947, et le dernier soupir de l'art t.

'est ? demanda Michel.

« – C'est de ton père, celui qui fut mon maître adoré !

– Mon père, s'écria le jeune homme, pleurant presque.

– Oui. Écoute. »

Et Quinsonnas, reproduisant des mélodies que Beethoven ou Weber eussent signées, s'éleva jusqu'au sublime de l'interprétation.

« Mon père ! répétait Michel.

– Oui ! répondit bientôt Quinsonnas en fermant son piano avec colère. Après lui, rien ! Qui le comprendrait maintenant. Assez, mes fils, assez de ce retour vers le passé ! songeons au présent, et que l'industrialisme reprenne son empire ! »

Ce disant, il toucha l'instrument dont le clavier se rabattit et laissa voir un lit tout préparé avec une toilette garnie de ses divers ustensiles.

« Voilà bien, dit-il, ce que notre époque était digne d'inventer ! Un piano-lit-commode-toilette !

– Et table de nuit, dit Jacques.

– Comme tu dis, mon cher. C'est complet ! »

Chapitre IX

Une visite à l'oncle Huguenin

Depuis cette mémorable soirée, les trois jeunes gens se lièrent étroitement ; ils composaient un petit monde à part dans la vaste capitale de la France.

Michel passait ses journées au Grand Livre, il semblait résigné, mais il manquait à son bonheur de voir l'oncle Huguenin ; avec lui, il se fût trouvé à la tête d'une véritable famille, l'ayant pour père, et ses deux amis pour frères aînés. Il écrivait souvent au vieux bibliothécaire, qui lui répondait de son mieux.

Quatre mois s'écoulèrent ainsi ; on paraissait content de Michel dans les bureaux ; son cousin le méprisait un peu moins ; Quinsonnas en faisait l'éloge. Le jeune homme avait évidemment trouvé sa voie. Il était né dicteur.

L'hiver se passa tant bien que mal, les calorifères et les cheminées à gaz se chargeant de le combattre avec succès.

Le printemps arriva. Michel obtint un jour complet de liberté, un dimanche ; il résolut de le consacrer à l'oncle Huguenin.

Le matin, à huit heures, il quitta joyeusement la maison banque, heureux d'aller respirer un peu plus d'oxygène du centre des affaires. Il faisait un joli temps. Avril sait et préparait ses fleurs nouvelles avec lesquelles ristes luttaient avantageusement ; Michel se sentait

L'oncle demeurait loin ; il avait dû transporter ses pénates, où ils ne coûtaient pas trop cher à héberger.

Le jeune Dufrénoy se rendit à la station de la Madeleine, prit son billet et se hissa sur une impériale ; le signal du départ fut donné ; le train remonta le boulevard Malesherbes, laissa bientôt sur sa droite la lourde église de Saint-Augustin, et sur sa gauche, le parc Monceaux, entouré de constructions magnifiques ; il croisa le premier puis le second réseau métropolitain, et s'arrêta à la station de la porte d'Asnières, près des anciennes fortifications.

La première partie du voyage était accomplie : Michel sauta lestement à terre, suivit la rue d'Asnières jusqu'à la rue de la Révolte, prit à droite, passa sous le railway de Versailles et atteignit enfin l'angle de la rue du Caillou.

Il se trouvait en face d'une maison de modeste apparence, haute et populeuse ; il demanda M. Huguenin au concierge.

« Au neuvième, la porte à droite », répondit ce personnage important, alors employé du gouvernement, et nommé directement par lui à ce poste de confiance.

Michel salua, prit place dans l'ascensoir, et en quelques secondes, il atteignit le palier du neuvième étage.

Il sonna. Monsieur Huguenin en personne vint ouvrir.

« Mon oncle, s'écria Michel.

— Mon enfant ! répondit le vieillard en ouvrant ses bras. Te voilà donc enfin !

— Oui, mon oncle ! Et mon premier jour de liberté est pour vous !

— Merci, mon cher fils, répondit M. Huguenin en faisant entrer le jeune homme dans son appartement. Quel plaisir de te voir ! mais assois-toi : débarrasse-toi de ton chapeau ! mets-toi à ton aise ! tu me restes, n'est-ce pas ?

— Toute la journée, mon oncle, si je ne vous gêne pas toutefois.

— Comment ! me gêner ! mais mon cher enfant ! t'attendais.

— Vous m'attendiez ! Je n'ai pourtant pas eu le tem— vous prévenir ! Je serais arrivé avant ma lettre !

— Je t'attendais chaque dimanche, Michel, et ta déjeuner a toujours été sur la table, comme en ce •

« – Est-il possible ?

– Je savais bien que tu viendrais voir ton oncle un jour
ou l'autre. Il est vrai que cela a été l'autre !

– Je n'étais pas libre, répondit Michel avec empresse-
ment.

– Je le sais bien, mon cher fils, et je ne t'en veux pas ;
loin de là !

– Ah ! Que vous devez être heureux ici, dit Michel, en
jetant un regard envieux autour de lui !

– Tu examines mes vieux amis, mes livres, répondit
l'oncle Huguenin ; c'est bien ! c'est bien ! mais commençons
par déjeuner ; nous causerons de tout cela ensuite, quoique
je me sois bien promis de ne pas te parler littérature.

– Oh ! Mon oncle, fit Michel d'un ton suppliant.

– Voyons ! il ne s'agit pas de cela ! dis-moi ce que tu
fais, ce que tu deviens ! dans cette maison de banque ! Est-ce
que tes idées... ?

– Toujours les mêmes, mon oncle.

– Diable ! à table alors ! Mais il me semble que tu ne
m'as pas encore embrassé !

– Si fait, mon oncle, si fait !

– Eh bien ! recommence, mon neveu ! Ça ne peut pas me
faire de mal, je n'ai pas mangé ; et même, cela me donnera
de l'appétit. »

Michel embrassa son oncle de grand cœur et, tous deux,
ils prirent place au déjeuner.

Cependant, le jeune homme regardait sans cesse autour
de lui, et il y avait là de quoi piquer sa curiosité de poète.

Le petit salon, qui formait tout l'appartement avec la
chambre à coucher, était tapissé de livres ; les murs disparaissaient derrière les rayons ; les vieilles reliures offraient
au regard leur bonne couleur brunie par le temps. Les livres,
trop à l'étroit, faisaient invasion dans la chambre voisine,
glissant au-dessus des portes et dans la baie intérieure des
fenêtres ; on en voyait sur les meubles, dans la cheminée et
jusqu'au fond des placards entrouverts ; ces précieux
volumes ne ressemblaient pas à ces livres des riches logés
dans des bibliothèques aussi opulentes qu'inutiles ; ils
avaient l'air d'être chez eux, maîtres au logis, et fort à leur

aise, quoique empilés ; d'ailleurs, pas un grain de poussière, pas une corne à leurs feuillets, par une tache à leur couverture ; on voyait qu'une main amie faisait chaque matin leur toilette.

Deux vieux fauteuils et une ancienne table du temps de l'Empire avec leurs sphinx dorés et leurs faisceaux romains, composaient l'ameublement du salon.

Son exposition était au midi ; mais les hautes murailles d'une cour empêchaient le soleil d'y pénétrer ; une seule fois par an, au solstice, le 21 juin, s'il faisait beau, le plus élevé des rayons de l'astre radieux effleurant le toit voisin, se glissait rapidement par la fenêtre, se posait comme un oiseau à l'angle d'un rayon ou sur le dos d'un livre, y tremblait un instant, coloriait dans sa projection lumineuse les petits atomes de poussière ; puis, au bout d'une minute, il reprenait son vol, et disparaissait jusqu'à l'année prochaine.

L'oncle Huguenin connaissait ce rayon, toujours le même ; il le guettait, le cœur palpitant, avec l'attention d'un astronome ; il se baignait dans sa bienfaisante lumière, réglait sa vieille montre à son passage, et remerciait le soleil de ne pas l'avoir oublié.

C'était son canon du Palais Royal, à lui ; seulement, il ne partait qu'une fois l'an, et pas toujours, encore !

L'oncle Huguenin n'oublia pas d'inviter Michel à cette visite solennelle du 21 juin, et Michel promit de ne pas manquer à la fête.

Le déjeuner eut lieu, modeste, mais offert de si bon cœur.

« Je suis dans mon jour de gala, dit l'oncle ; je traite aujourd'hui. À propos sais-tu avec qui tu dîneras ce soir ?

— Non, mon oncle.

— Avec ton professeur Richelot et sa petite fille, mademoiselle Lucy.

— Ma foi, mon oncle, je verrai ce digne homme avec bien du plaisir.

— Et mademoiselle Lucy ?

— Je ne la connais pas.

— Eh bien mon neveu, tu feras sa connaissance, t'avertis qu'elle est charmante et ne s'en doute pas ! ne va pas le lui dire, ajouta l'oncle Huguenin en ria

– Je m'en garderai bien, répondit Michel.

– Après dîner, si cela vous va, nous irons faire tous les quatre une bonne promenade.

– C'est cela, mon oncle ! de cette façon, notre journée sera complète !

– Eh bien, Michel, tu ne manges plus, tu ne bois plus ?

– Mais si, mon oncle, répondit Michel, qui étouffait ; à votre santé.

– Et à ton retour, mon enfant ; car lorsque tu me quittes, il me semble toujours que c'est pour un long voyage ! Ah ! ça ! parle-moi un peu. Comment prends-tu la vie ! Voyons, c'est l'heure des confidences.

– Volontiers, mon oncle. »

Michel raconta longuement les moindres détails de son existence, ses ennuis, son désespoir, la machine à calculer, sans omettre l'aventure de la Caisse perfectionnée, et enfin, ses jours meilleurs passés sur les hauteurs du Grand Livre.

« C'est là, dit-il, que j'ai rencontré mon premier ami.

– Ah ! tu as des amis, répondit l'oncle Huguenin, en fronçant les sourcils.

– J'en ai deux, répliqua Michel.

– C'est beaucoup, s'ils te trompent, répondit sentencieusement le bonhomme, et c'est assez, s'ils t'aiment.

– Ah ! mon oncle, s'écria Michel avec animation, ce sont des artistes !

– Oui ! répondit l'oncle Huguenin en hochant la tête, c'est une garantie, je le sais bien, car la statistique des bagnes et des prisons donne des prêtres, des avocats, des hommes d'affaires, des agents de change, des banquiers, des notaires et pas un artiste ! mais...

– Vous les connaîtrez, mon oncle, et vous verrez quels braves jeunes gens !

– Volontiers, répondit l'oncle Huguenin ; j'aime la jeunesse, à la condition qu'elle soit jeune ! les vieillards anticipés m'ont toujours paru des hypocrites !

– Oh ! je vous réponds de ceux-là !

– Alors, Michel, au monde que tu fréquentes, je vois que tes idées n'ont pas changé ?

– Au contraire, fit le jeune homme.

« – Tu t'endurcis dans le péché.

– Oui, mon oncle.

– Alors, malheureux, confesse-moi tes dernières fautes !

– Volontiers, mon oncle ! »

Et le jeune homme, d'un accent inspiré, récita de beaux vers, bien pensés, bien dits, et pleins d'une véritable poésie.

« Bravo ! s'écriait l'oncle Huguenin, transporté ! bravo ! mon enfant ! on fait donc encore de ces choses-là ! Tu parles cette langue des beaux jours passés ! Oh ! mon fils ! Que tu me fais de plaisir et de mal à la fois ! »

Le vieillard et le jeune homme demeurèrent silencieux pendant quelques instants.

« Assez ! assez ! dit l'oncle Huguenin ! Enlevons cette table qui nous gêne ! »

Michel aida le bonhomme, et la salle à manger redevint rapidement la bibliothèque.

« Eh bien, mon oncle ? » fit Michel.

Chapitre X

Grande Revue des auteurs français passée par l'oncle Huguenin, le dimanche, 15 avril 1961

« Et maintenant, voilà notre dessert, dit l'oncle Huguenin, en montrant les rayons chargés de livres.

— Cela me remet en appétit, répondit Michel ; dévorons. »

L'oncle et le neveu, aussi jeunes l'un que l'autre se mirent à fureter, en vingt endroits ; mais M. Huguenin ne tarda pas à mettre un peu d'ordre dans ce pillage.

« Viens de ce côté, dit-il à Michel, et commençons par le commencement ; il ne s'agit pas de lire aujourd'hui, mais de regarder et de causer. C'est une revue plutôt qu'une bataille ; figure-toi Napoléon dans la cour des Tuileries et non sur le champ d'Austerlitz. Mets tes mains derrière ton dos. Nous allons passer entre les rangs.

— Je vous suis, mon oncle.

— Mon fils, rappelle-toi que la plus belle armée du monde va défiler devant tes yeux, et il n'est pas d'autre nation qui pût t'en offrir une pareille, et qui ait remporté de plus éclatantes victoires sur la barbarie.

— La Grande Armée des Lettres.

— Tiens, vois sur ce premier rayon, cuirassés dans leurs bonnes reliures, nos vieux grognards du seizième siècle, Amyot, Ronsard, Rabelais, Montaigne, Mathurin Régnier ; ls sont fermes à leur poste, et l'on retrouve encore leur nfluence originale dans cette belle langue française qu'ils ont fondée. Mais, il faut le dire, ils se sont battus plutôt pour l'idée que pour la forme. Voici près d'eux un général qui a fait de la belle et bonne vaillance ; mais surtout, il a perfectionné les armes de son temps.

— Malherbe, dit Michel.

— Lui-même. Ainsi qu'il le dit quelque part, les crocheteurs du Port-au-foin furent ses maîtres ; il alla ramasser leurs métaphores, leurs expressions éminemment gauloises ; il les gratta, les fourbit, et en fit cette belle langue si bien parlée aux dix-septième, dix-huitième et dix-neuvième siècles.

— Ah ! fit Michel en désignant un volume unique d'apparence rude et fière, voilà un grand capitaine !

— Oui, mon enfant, comme Alexandre, César ou Napoléon ; ce dernier l'eût fait prince, le vieux Corneille, un homme de guerre qui s'est singulièrement multiplié, car ses éditions classiques sont innombrables ; ceci est la cinquante et unième et dernière de ses œuvres complètes ; elle est de 1873, et depuis, on n'a plus réimprimé Corneille.

— Vous devez avoir eu de la peine, mon oncle, à vous procurer ces ouvrages !

— Au contraire ! tout le monde s'en défait ! tiens, voici la quarante-neuvième édition des œuvres complètes de Racine, la cent cinquantième de Molière, la quarantième de Pascal, la deux cent troisième de La Fontaine, les dernières en un mot et elles ont plus de cent ans de date, et font déjà la joie des bibliophiles ! Ces grands génies ont fait leur temps, et sont relégués au rang des vieilleries archéologiques.

— Au fait, répondit le jeune homme, ils parlent un langage qui ne se comprendrait plus de nos jours !

— Tu dis vrai, mon enfant ! la belle langue française est perdue ; celle que d'illustres étrangers, Leibniz, Frédéric le Grand, Ancillon, de Humboldt, Heine choisirent pour être l'interprète de leurs idées, ce merveilleux langage dans lequel Goethe regrettait de ne pas avoir écrit, cet élégant idiome qui faillit devenir grec ou latin au quinzième siècle, italien avec Catherine de Médicis et gascon sous Henri IV, est maintenant un horrible argot. Chacun, oubliant qu'une langue vaut mieux aisée que riche, a créé son mot pou nommer sa chose. Les savants en botanique, en histoire naturelle, en physique, en chimie, en mathématiques, ont composé d'affreux mélanges de mots, les inventeurs ont puisé dans le vocabulaire anglais leurs plus déplaisantes appellations ; les maquignons pour leurs chevaux, les jockeys pour leurs courses, les marchands de voitures pour leurs véhicules, les philosophes pour leur philosophie, ont trouvé la langue française trop pauvre et se sont rejetés sur l'étranger ! Eh bien ! tant mieux ! qu'ils l'oublient ! elle est plus belle encore dans sa pauvreté et n'a pas voulu devenir riche en se prostituant ! Notre langue à nous, mon enfant, celle de Malherbe, de Molière, de Bossuet, de Voltaire, de Nodier, de Victor Hugo, est une fille bien élevée, et tu peux l'aimer sans crainte, car les barbares du vingtième siècle n'ont pas pu parvenir à en faire une courtisane !

— Voilà qui est bien dit, mon oncle, et je comprends la charmante manie de mon professeur Richelot, qui, par mépris pour le patois actuel, ne parle plus qu'en latin francisé ! On se moque de lui, et il a raison. Mais, dites-moi, est-ce que le français n'est pas devenu la langue diplomatique.

— Oui ! pour sa punition ! au congrès de Nimègue en 1678 ! Ses qualités de franchise et de clarté l'ont fait choisir par la diplomatie, qui est la science de la duplicité, de l'équivoque et du mensonge, si bien que notre langue s'est peu à peu altérée et perdue ! Tu verras que l'on sera forcé de la changer quelque jour.

— Pauvre français, dit Michel ! J'aperçois là Bossuet, Fénelon, Saint-Simon, qui ne le reconnaîtraient guère !

— Oui ! leur enfant a mal tourné ! voilà ce que c'est que de fréquenter les savants, les industriels, les diplomates, et autre mauvaise société. On se dissipe, on se débauche ! Un dictionnaire de 1960, s'il veut contenir tous les termes en usage, est le double d'un dictionnaire de 1800 ! Je te laisse à penser ce qu'on y trouve ! Mais reprenons notre revue, il ne faut pas tenir trop longtemps les soldats sous les armes.

— Je vois là une rangée de beaux volumes.

— Beaux et bons quelquefois, répondit l'oncle Huguenin ! 'est la quatre cent vingt-huitième édition des œuvres séparées de Voltaire : esprit universel, le second dans tous les genres, suivant monsieur Joseph Prudhomme. En 1978, a dit Stendhal, Voltaire sera Voiture, et les demi-sots finiront par en faire leur Dieu. Heureusement, Stendhal avait trop compté sur les générations futures ! des demi-sots ? il n'y a vraiment plus que des sots tout entiers, et Voltaire n'est pas plus adoré qu'un autre ! pour continuer notre métaphore, Voltaire, suivant moi, n'était qu'un général de cabinet ! il ne se battait que dans sa chambre, et ne payait pas assez de sa personne. Sa plaisanterie, arme peu dangereuse en somme, ratait quelquefois et les gens qu'il a tués ont vécu plus que lui.

— Mais, mon oncle, n'était-ce pas un grand écrivain ?

— À coup sûr, mon neveu, c'était la langue française incarnée, il la maniait avec élégance, avec esprit, comme autrefois ces prévôts de régiment tiraient le mur à la salle d'armes. Sur le terrain, venait un conscrit maladroit qui tuait le maître à la première passe, en se fendant. Pour tout dire, et cela est étonnant de la part d'un homme qui écrivait si bien le français, Voltaire n'était pas véritablement brave.

— Je le crois, dit Michel.

— Passons à d'autres, répondit l'oncle en se dirigeant vers une nouvelle ligne de soldats à mine sombre et sévère.

— Voici les auteurs de la fin du dix-huitième siècle, dit le jeune homme.

— Oui ! Jean-Jacques Rousseau qui a dit les plus belles choses sur l'Évangile, comme Robespierre a écrit les plus remarquables pensées sur l'immortalité de l'âme ! un véritable général de la république, en sabots, sans épaulettes et sans habits brodés ! il n'en a pas moins remporté de fières victoires ! Tiens ! près de lui, vois Beaumarchais, un tirailleur d'avant-garde ! il a engagé fort à propos cette grande bataille de 89 que la civilisation a gagnée sur la barbarie ! Malheureusement, on en a un peu abusé depuis, et ce diable de progrès nous a conduits où nous sommes.

— On finira peut-être par faire une révolution contre lui, dit Michel.

— C'est possible, répondit l'oncle Huguenin, et cela ne laissera pas d'être drôle. Mais ne nous livrons pas à de divagations philosophiques et continuons de passer entre les rangs. Voici un fastueux chef d'armée, qui employa quarante ans de son existence à parler de sa modestie, Chateaubriand, que ses *Mémoires d'outre-tombe* n'ont pu sauver de l'oubli.

— Je vois près de lui Bernardin de Saint-Pierre, dit Michel, et son doux roman de *Paul et Virginie* ne toucherait plus personne.

— Hélas! reprit l'oncle Huguenin, Paul banquier aujourd'hui, ferait la traite des Blancs, et Virginie épouserait le fils d'un fabricant de ressorts pour locomotives. Tiens! voici les fameux mémoires de Monsieur de Talleyrand, publiés, suivant ses ordres, trente ans après sa mort. Je suis sûr que cet homme-là doit encore faire de la diplomatie où il est, mais le diable ne s'y laissera pas prendre. J'aperçois là un officier qui maniait également la plume et le sabre, un grand helléniste, qui écrivait en français comme un contemporain de Tacite, Paul-Louis Courier; quand notre langue sera perdue, Michel, on la refera tout entière avec les ouvrages de ce fier écrivain. Voici Nodier, dit l'aimable, et Béranger, un grand homme d'État qui faisait des chansons à ses moments perdus. Enfin, nous arrivons à cette génération brillante, échappée de la Restauration comme on s'échappe du séminaire, et qui a fait grand tapage dans les rues.

— Lamartine, dit le jeune homme, un grand poète!

— Un des chefs de la Littérature à images, statue de Memnon qui résonnait si bien aux rayons du soleil! pauvre Lamartine après avoir prodigué sa fortune aux plus nobles causes, et pincé la harpe du pauvre dans les rues d'une ville ingrate, il prodigua son talent à ses créanciers, délivra Saint-Point de la plaie rongeante des hypothèques, et mourut de douleur en voyant cette terre de famille, où reposaient les siens, expropriée par une compagnie de chemins de fer!

— Pauvre poète, répondit le jeune homme.

— Auprès de sa lyre, reprit l'oncle Huguenin, tu remarqueras la guitare d'Alfred de Musset; on n'en joue plus et faut être un vieil amateur comme moi pour se plaire aux vibrations de ses cordes détendues. Nous sommes dans la musique de notre armée.

— Ah ! Victor Hugo, s'écria Michel ! j'espère, mon oncle, que vous le comptez parmi nos grands capitaines !

— Je le mets au premier rang, mon fils, agitant sur le pont d'Arcole le drapeau du romantisme, lui le vainqueur des batailles d'Hernani, de Ruy Blas, des Burgraves, de Marion ! Comme Bonaparte, il était déjà général en chef à vingt-cinq ans, et battait les classiques autrichiens en toute rencontre. Jamais, mon enfant, la pensée humaine ne s'est combinée sous une forme plus vigoureuse que dans le cerveau de cet homme, un creuset capable de supporter les plus hautes températures. Je ne sais rien au-dessus de lui, ni dans l'antiquité, ni dans les temps modernes, pour la violence et la richesse de l'imagination ; Victor Hugo est la plus haute personnification de la première moitié du dix-neuvième siècle, et chef d'une École qui ne sera jamais égalée. Ses œuvres complètes ont eu soixante-quinze éditions, dont voici la dernière ; il est oublié comme les autres, mon fils, et n'a pas tué assez de monde pour que l'on se souvienne de lui !

— Ah ! mon oncle ; vous avez les vingt volumes de Balzac, dit Michel, en se hissant sur un escabeau.

— Oui ! certes ! Balzac est le premier romancier du monde, et plusieurs de ses types ont même surpassé ceux de Molière ! De notre temps, il n'aurait pas eu le courage d'écrire *la Comédie humaine* !

— Cependant, répliqua Michel, il a peint d'assez vilaines mœurs, et combien de ses héros sont vrais, qui ne figureraient pas mal parmi nous.

— Sans doute, répondit M. Huguenin, mais où prendrait-il des de Marsay, des Granville, des Chesnel, des Mirouët, des Du Guénic, des Montriveau, des chevaliers de Valois, des La Chanterie, des Maufrigneuse, des Eugénie Grandet, des Pierrette, ces types charmants de la noblesse, de l'intelligence, de la bravoure, de la charité, de la candeur, qu'il copiait et n'inventait pas ! Les gens rapaces, il est vrai, les financiers, que la légalité protège, les voleurs amnistiés poseraient en grand nombre, et les Crevel, les Nucingen,

Vautrin, les Corentin, les Hulot, les Gobseck ne lui man-
queraient pas.

— Il me semble, dit Michel, en passant à d'autres rayons,
que voici un auteur considérable !

— Je le crois bien ! C'est Alexandre Dumas, le Murat de
la littérature, interrompu par la mort à son dix-neuf cent
quatre-vingt-treizième volume ! Ce fut bien le plus amusant
des conteurs, à qui la prodigue nature permit d'abuser de
tout, sans se faire de mal, de son talent, de son esprit, de sa
verve, de son entrain, de sa force physique, quand il prit la
poudrière de Soissons, de sa naissance, de sa couleur, de la
France, de l'Espagne, de l'Italie, des bords du Rhin, de la
Suisse, de l'Algérie, du Caucase, du mont Sinaï, et de Naples
surtout dont il força l'entrée sur son Spéronare ! Ah ! l'éton-
nante personnalité ! On estime qu'il eût atteint son quatre
millième volume, s'il ne se fût empoisonné dans la force de
l'âge, en mangeant d'un plat qu'il venait d'inventer.

— Voilà qui est fâcheux, dit Michel, et cet horrible accident n'a pas fait d'autres victimes ?

— Si, malheureusement, entre autres, Jules Janin, un critique du temps qui composait des thèmes latins au bas des
journaux ! C'était à un dîner de réconciliation que lui donnait
Alexandre Dumas. Avec eux périt également un écrivain
plus jeune, Monselet, dont il nous reste un chef-d'œuvre,
malheureusement inachevé, le *Dictionnaire des Gourmets*,
quarante-cinq volumes, et il n'est allé que jusqu'à l'F, farce.

— Diable, fit Michel, cela promettait.

— Voici maintenant Frédéric Soulié, un hardi soldat, bon
pour un coup de main et capable d'enlever une position
désespérée, Gozlan, un capitaine de hussards, Mérimée, un
général d'antichambre, Sainte-Beuve, un sous-intendant
militaire, directeur de la Manutention, Arago, un savant officier du génie, qui a su se faire pardonner sa science. Regarde,
Michel, les œuvres de George Sand, un merveilleux génie,
l'un des plus grands écrivains de la France, décoré enfin en
1859, et qui fit porter sa croix par son fils.

— Quels sont ces livres renfrognés, demanda Michel en
signant une longue suite de volumes qui se cachaient dans
corniche.

– Passe vite, mon enfant ; c'est la rangée des philosophes, les Cousin, les Pierre Leroux, les Dumoulin et tant d'autres ; mais la philosophie étant une affaire de mode, il n'est pas étonnant qu'on ne les lise plus.

– Et quel est celui-ci ?

– Renan, un archéologue qui a fait du bruit ; il tenta d'écraser la Divinité du Christ, et mourut foudroyé en 1873.

– Et cet autre, demanda Michel.

– Cet autre est un journaliste, un publiciste, un économiste, un ubiquiste, un général d'artillerie plus bruyant que brillant du nom de Girardin.

– Est-ce qu'il n'était pas athée ?

– Pas du tout ; il croyait en lui. Tiens ! voici, non loin, un hardi personnage, un homme qui eût inventé la langue française au besoin, et serait classique aujourd'hui, si l'on faisait encore ses classes, Louis Veuillot, le plus vigoureux champion de l'Église romaine, et qui mourut excommunié, à son grand étonnement. Voilà Guizot, un historien austère, qui, à ses heures de loisir, s'amusait à compromettre le trône des d'Orléans. Vois-tu cette énorme compilation : c'est la seule *véridique et très authentique histoire de la Révolution et de l'Empire,* publiée en 1895 par ordre du gouvernement, pour mettre fin aux incertitudes qui régnaient sur cette partie de notre histoire. On s'est beaucoup servi des chroniques de Thiers pour cet ouvrage.

– Ah ! fit Michel, voilà des gaillards qui me paraissent jeunes et ardents.

– Tu dis vrai ; c'est toute la cavalerie légère de 1860, brillante, intrépide, tapageuse, sautant les préjugés comme les barrières, franchissant les convenances comme des obstacles, tombant, se relevant, et courant de plus belle, se faisant casser la tête et ne s'en portant pas plus mal ! Voici le chef-d'œuvre de l'époque, *Madame Bovary, la Bêtise humaine,* d'un certain Noriac, sujet immense qu'il n'a pu traiter tout entier, voici les Assollant, les Aurevilly, les Baudelaire, les Paradol, les Scholl, des gaillards auxquels il fallait faire attention bon gré mal gré, car ils vous tiraient dans les jambes...

– À poudre seulement, dit Michel.

– À poudre et à sel, et cela piquait. Tiens, voici encore un garçon qui ne manquait pas de talent, un véritable enfant de troupe.

– About ?

– Oui ! il se flattait, ou plutôt, on le flattait de recommencer Voltaire, et avec le temps, il lui fût bien venu à la cheville ; malheureusement en 1869, au moment où il terminait ses visites d'Académie, il fut tué en duel par un farouche critique, le fameux Sarcey.

– Sans ce malheur, il fût peut-être allé loin ? dit Michel.

– Jamais assez loin, répondit l'oncle ! Tels sont, mon fils, les principaux chefs de notre armée littéraire : là-bas, les derniers rangs des soldats obscurs dont les noms étonnent les lecteurs des vieux catalogues ; continue ton inspection, amuse-toi ; il y a là cinq ou six siècles qui ne demandent pas mieux que de se laisser feuilleter ! »

Ainsi, s'écoula cette journée, Michel, dédaignant les inconnus pour revenir à des noms illustres, mais passant par des contrastes curieux, tombant d'un Gautier dont le style chatoyant avait un peu vieilli, à un Feydeau, le licencieux continuateur des Louvet et des Laclos, remontant d'un Champfleury à un Jean Macé, le plus ingénieux vulgarisateur de la science. Ses yeux allaient d'un Méry qui faisait de l'esprit comme un bottier des bottes, sur commande, à un Banville, que l'oncle Huguenin traitait sans façon de jongleur de mots ; puis, il rencontrait parfois un Stahl, si soigneusement édité par la maison Hetzel, un Karr, ce spirituel moraliste, qui n'avait pourtant pas l'esprit de se laisser voler, [tombait][1] sur un Houssaye, qui, ayant servi autrefois à l'hôtel de Rambouillet, en avait gardé le style ridicule et les précieuses manières, sur un Saint-Victor encore flamboyant après cent ans d'existence.

Puis, il revint, au point de départ ; il prit quelques-uns de ces livres si chers, les ouvrit, lut une phrase de l'un, une page de l'autre, ne prit de celui-ci que les têtes de chapitre et seulement les titres de celui-là ; il respira ce parfum lit-

---

1. Au fil de la plume, J.V. a oublié un verbe. Nous reprenons à dessein le verbe tomber qu'il a déjà utilisé plus haut.

téraire qui lui montait au cerveau comme une chaude éma-
nation des siècles écoulés, il serra la main à tous ces amis
du passé qu'il eût connus et aimés, s'il avait eu l'esprit de
naître plus tôt !

L'oncle Huguenin le regardait faire, et se rajeunissait à le
voir.

« Eh bien ! À quoi penses-tu, lui demandait-il, quand il
l'apercevait immobile et rêveur ?

– Je pense que cette petite chambre renferme de quoi
rendre un homme heureux pour toute sa vie !

– S'il sait lire !

– Je l'entends bien ainsi, dit Michel.

– Oui, reprit l'oncle, mais à une condition.

– Laquelle.

– C'est qu'il ne sache pas écrire !

– Et pourquoi cela, mon oncle.

– Parce qu'alors, mon enfant, il serait peut-être tenté de
marcher sur les traces de ces grands écrivains !

– Où serait le mal, répondit le jeune homme avec enthousiasme.

– Il serait perdu.

– Ah ! mon oncle, s'écria Michel, vous allez donc me
faire de la morale.

– Non ! car si quelqu'un mérite une leçon, ici, c'est moi !

– Vous ! et pourquoi !

– Pour t'avoir ramené vers des idées folles ! Je t'ai fait
entrevoir la Terre promise, mon pauvre enfant, et...

– Et vous m'y laisserez entrer, mon oncle !

– Oui ! si tu me jures une chose.

– C'est.

– C'est de t'y promener seulement ! Je ne veux pas que
tu défriches ce sol ingrat ! rappelle-toi ce que tu es, où tu
dois arriver, ce que je suis moi-même, et ce temps où nous
vivons tous les deux. »

Michel ne répondit pas, il serra la main de son oncle ; et
celui-ci allait sans doute entamer la série de ses grands
arguments, lorsque le timbre de la porte résonna.
M. Huguenin alla ouvrir.

Chapitre XI

Une promenade au port de Grenelle

C'était M. Richelot en personne. Michel se jeta dans les bras de son vieux professeur; un peu plus, il tombait dans ceux que mademoiselle Lucy tendait à l'oncle Huguenin; celui-ci se trouvait heureusement à son poste de réception, et prévint cette charmante rencontre.

« Michel, s'écria M. Richelot.

— Lui-même, répondit M. Huguenin.

— Ah! fit le professeur, voilà une juconde surprise, et une soirée qui s'annonce laetanterement.

— *Dies albo notanda lapillo*[1], riposta M. Huguenin.

— Suivant notre cher Flaccus, répondit M. Richelot.

— Mademoiselle, balbutiait le jeune homme en saluant la jeune fille.

— Monsieur, répondait Lucy, avec une révérence pas trop gauche.

— *Candore notabilis albo*[2] », murmura Michel à la grande joie de son professeur qui pardonnait ce compliment dans une langue étrangère.

D'ailleurs, le jeune homme avait dit juste; tout le charme de la jeune fille se trouvait peint dans ce délicieux hémistiche d'Ovide. Remarquable par sa candeur blanche! Mademoiselle Lucy était âgée de quinze ans, ravissante avec ses longs cheveux blonds abandonnés sur ses épaules, suivant

1. Un jour à marquer d'une pierre blanche.
2. Remarquable par l'éclat de sa blancheur.

la mode du jour, fraîche et toute naissante, si ce mot peut rendre ce qu'il y avait en elle de nouveau, de pur, d'à peine éclos ; ses yeux pleins de naïfs regards et profondément bleus, son nez coquet aux petites narines transparentes, sa bouche humide de rosée, la grâce un peu nonchalante de son cou, ses mains fraîches et souples, les profils élégants de sa taille, charmaient le jeune homme, et le laissaient muet d'admiration. Cette jeune fille était la poésie vivante ; il la sentait plus qu'il ne la voyait ; elle touchait son cœur avant ses yeux.

Cette extase menaçait de se prolonger indéfiniment ; l'oncle Huguenin s'en aperçut, fit asseoir ses visiteurs, mit la jeune fille un peu à l'abri des rayons du poète, et reprit la parole.

« Mes amis, dit-il, le dîner ne tardera pas à venir ; causons en l'attendant. Eh bien, Richelot, voilà un bon mois que je ne vous ai vu. Et les humanités, comment vont-elles ?

– Elles s'en vont, répondit le vieux professeur ! Je n'ai plus que trois élèves dans ma classe de rhétorique ! C'est une turpe décadence ! Aussi va-t-on nous renvoyer, et on fera bien.

– Vous renvoyer, s'écria Michel.

– En est-il réellement question, dit l'oncle Huguenin.

– Très réellement, répondit M. Richelot ; le bruit court que les chaires des lettres, en vertu d'une décision prise en assemblée générale des actionnaires vont être supprimées pour l'exercice 1962.

– Que deviendront-ils ? pensa Michel en regardant la jeune fille.

– Je ne peux pas croire une chose pareille, dit l'oncle en fronçant le sourcil ; ils n'oseront pas.

– Ils oseront, répondit M. Richelot, et ce sera pour le mieux ! qui se soucie des Grecs et des Latins, bons tout au plus à fournir quelques racines aux mots de la science moderne ! Les élèves ne comprennent plus ces langues merveilleuses et à les voir si stupides, ces jeunes gens, le dégoût me prend avec le désespoir.

– Est-il possible, dit le jeune Dufrénoy ! votre classe est réduite à trois élèves !

– Trois de trop, répondit le vieux professeur avec colère.

– Et par-dessus le marché, dit l'oncle Huguenin, ce sont des cancres.

– Des cancres de premier ordre, répliqua M. Richelot ! croiriez-vous que l'un d'eux dernièrement m'a traduit *jus divinum* par *jus divin* !

– Jus divin, s'écria l'oncle ! c'est un ivrogne en herbe !

– Et hier ! hier encore ! *Horresco referens*[1], devinez, si vous l'osez, comment un autre a traduit au quatrième chant des *Géorgiques* ce vers :

immanis pecoris custos[2]...

– Il me semble, répondit Michel.

– J'en rougis, jusqu'au-delà des oreilles, dit M. Richelot.

– Voyons, dites, répliqua l'oncle Huguenin ! comment a-t-on traduit ce passage en l'an de grâce 1961 ?

– *Gardien d'une épouvantable pécore* », répondit le vieux professeur en se voilant la face.

L'oncle Huguenin ne put retenir un éclat de rire immense ; Lucy détournait la tête en souriant ; Michel la regardait avec tristesse ; M. Richelot ne savait où se cacher.

« Oh ! Virgile, s'écria l'oncle Huguenin, t'en serais-tu jamais douté ?

– Vous le voyez, mes amis, reprit le professeur ! Mieux vaut ne pas traduire du tout que de traduire ainsi ! Et en rhétorique encore ! Qu'on nous supprime, on fera bien !

– Que ferez-vous alors, dit Michel.

– Ceci, mon enfant, c'est une autre question ; mais le moment n'est pas venu de la résoudre ; nous sommes ici pour nous amuser...

– Eh bien, dînons », reprit l'oncle.

Pendant les préparatifs du repas, Michel engagea une conversation délicieusement banale avec mademoiselle Lucy, et pleine de ces charmantes inepties sous lesquelles perce parfois la pensée véritable ; à seize ans, mademoiselle Lucy avait le droit d'être beaucoup plus âgée que Michel à dix-neuf ; mais elle n'en abusait pas. Cependant, les préoc-

1. Je tremble en y pensant.
2. Gardien d'un monstrueux troupeau.

cupations de l'avenir ternissaient son front si pur et la rendaient sérieuse. Son grand-père, en qui se résumait toute sa vie, elle le regardait avec inquiétude. Michel surprit un de ces regards.

« Vous aimez beaucoup M. Richelot, dit-il.

— Beaucoup, monsieur, répondit Lucy.

— Moi aussi, mademoiselle », ajouta le jeune homme.

Lucy rougit un peu, de voir son affection et celle de Michel se rencontrer sur un ami commun ; c'était presque un mélange de ses plus intimes sentiments avec les sentiments d'un autre. Michel le sentait et n'osait plus la regarder.

Mais l'oncle Huguenin interrompit ce tête-à-tête par un formidable : à table. Le traiteur voisin avait servi un joli dîner commandé pour la circonstance. On prit place au festin.

Une soupe grasse et un excellent bouilli de cheval, viande si estimée jusqu'au dix-huitième siècle, et remise en honneur au vingtième, eut raison du premier appétit des convives ; puis vint un fort jambon de mouton, préparé au sucre et au salpêtre d'après une méthode nouvelle qui conservait la chair, en y ajoutant des qualités précieuses de goût ; quelques légumes originaires de l'Équateur, et acclimatés en France, la bonne humeur et l'entrain de l'oncle Huguenin, la grâce de Lucy, qui servait à la ronde, les dispositions sentimentales de Michel, tout contribua à rendre charmant ce repas de famille. On eut beau le prolonger, il finit encore trop vite et le cœur dut céder devant les satisfactions de l'estomac.

On se leva de table.

« Il s'agit maintenant, dit l'oncle Huguenin, de terminer dignement cette bonne journée.

— Allons nous promener, s'écria Michel.

— C'est cela, répondit Lucy.

— Mais où ? fit l'oncle.

— Au port de Grenelle, dit le jeune homme.

— Parfait. *Léviathan IV* vient justement d'y arriver, et nous pourrons admirer cette merveille. »

La petite troupe descendit dans la rue, Michel offrit son

bras à la jeune fille, et l'on se dirigea vers le chemin de fer de ceinture.

Ce fameux projet de Paris port de mer s'était donc enfin réalisé ; longtemps on ne voulut pas y croire ; beaucoup visitaient les travaux du canal, qui s'en moquaient haut et préjugeaient de son inutilité. Mais depuis une dizaine d'années, les incrédules avaient dû se rendre à l'évidence.

La capitale menaçait déjà de devenir quelque chose comme un Liverpool au cœur de la France ; une longue suite de bassins à flots creusés dans les vastes plaines de Grenelle et d'Issy pouvaient contenir mille vaisseaux du plus fort tonnage. L'industrie dans ce travail herculéen semblait avoir atteint les dernières limites du possible.

Souvent déjà, pendant les siècles précédents, sous Louis XIV, sous Louis-Philippe, cette idée était venue de creuser un canal de Paris à la mer. En 1863, une compagnie fut autorisée à faire à ses frais des études par Creil, Beauvais et Dieppe ; mais les pentes à racheter nécessitaient de nombreuses écluses, et des cours d'eau considérables pour les alimenter ; or, l'Oise et la Béthune, les seules rivières disponibles sur ce tracé, furent bientôt jugées insuffisantes, et la compagnie abandonna ses travaux.

Soixante-cinq ans plus tard, l'État reprit l'idée, d'après un système déjà proposé au dernier siècle, système que sa simplicité et sa logique firent alors repousser ; il s'agissait d'utiliser la Seine, artère naturelle entre Paris et l'Océan.

En moins de quinze ans, un ingénieur civil, nommé Montanet, creusa un canal qui partant de la plaine de Grenelle allait aboutir un peu au-dessous de Rouen ; il mesurait 140 kilomètres de longueur, 70 mètres de largeur et 20 mètres de profondeur ; cela faisait un lit d'une contenance de 190 000 000 de mètres cubes environ ; ce canal ne pouvait jamais craindre d'être mis à sec, car les cinquante mille litres d'eau que la Seine débite par seconde suffisaient amplement à son alimentation. Les travaux faits dans le lit du bas fleuve avaient rendu le chenal favorable aux plus gros navires. Ainsi du Havre à Paris, la navigation n'offrait aucune difficulté.

Il existait alors en France, d'après un projet Dupeyrat, un

réseau de voies ferrées sur les chemins de halage de tous les canaux. Des locomotives puissantes roulant sur des rails disposés latéralement, remorquaient sans peine les chalands et bateaux de transport.

Ce système fut appliqué en grand sur le canal de Rouen et l'on comprend avec quelle rapidité les bâtiments de commerce et les navires de l'État remontèrent jusqu'à Paris.

Le nouveau port avait été construit magnifiquement, et bientôt l'oncle Huguenin et ses hôtes se promenèrent sur les quais de granit au milieu d'une foule nombreuse.

Il existait dix-huit bassins, dont deux seulement étaient réservés aux navires du gouvernement destinés à protéger les pêcheries et les colonies françaises. On y voyait encore des modèles des vieilles frégates cuirassées du dix-neuvième siècle que les archéologues admiraient sans trop les comprendre.

Ces engins de guerre avaient fini par prendre des proportions incroyables, quoique facilement explicables ; car, pendant cinquante ans, ce fut une lutte ridicule entre la cuirasse et le boulet, à qui enfoncerait et à qui résisterait. Les murailles en tôle forgée devinrent si épaisses, et les canons si pesants, que les navires finirent par couler sous leur charge, et ce résultat termina cette noble rivalité au moment où le boulet allait avoir raison de la cuirasse.

« Voilà comment on se battait alors, dit l'oncle Huguenin en montrant un de ces monstres de fer pacifiquement relégué au fond du bassin ; on s'enfermait dans ces boîtes, et il s'agissait de couler les autres ou d'être coulé soi-même.

— Mais, le courage individuel n'avait pas grand-chose à faire là-dedans, dit Michel.

— Le courage était rayé comme les canons, dit l'oncle en riant, les machines se battaient et non les hommes ; de là un acheminement à cesser les guerres qui devenaient ridicules. Je concevais encore la bataille, au temps où l'on se prenait corps à corps, où l'on tuait son adversaire de ses propres mains...

— Vous êtes sanguinaire, monsieur Huguenin, dit la jeune fille.

— Non pas, ma chère enfant, je suis raisonnable, autant

que la raison peut entrer dans tout ceci ; la guerre alors avait
sa raison d'être ; mais depuis que les canons portèrent à huit
mille mètres, et qu'un boulet de trente-six put à cent mètres
traverser trente-quatre chevaux pris de flanc et soixante-huit
hommes, vous m'avouerez que le courage individuel devint
une chose de luxe.

— En effet, répondit Michel, les machines ont tué la bravoure, et les soldats sont devenus des mécaniciens. »

Pendant cette discussion archéologique sur les guerres
d'autrefois, la promenade des quatre visiteurs se poursuivait
à travers les merveilles des bassins du commerce. Tout
autour s'élevait une ville entière de cabarets, où les marins
débarqués tranchaient du nabab et couraient d'opulentes
bordées. On entendait leurs chants rauques et des vociféra-
tions toutes maritimes. Ces hardis gaillards se sentaient
chez eux dans ce port marchand au beau milieu de la plaine
de Grenelle, et ils avaient bien le droit de crier à leur aise.
Ils formaient d'ailleurs une population à part, point mêlée à
celle des autres faubourgs, et assez peu sociable. On eût dit
Le Havre séparé de Paris par la seule largeur de la Seine.

Les bassins du commerce étaient réunis entre eux par des
ponts tournants mus à heure fixe au moyen des machines à
air comprimé de la *Société des Catacombes*. L'eau disparaissait sous la coque des navires ; la plupart marchaient à
l'aide de la vapeur d'acide carbonique, pas un trois-mâts,
un brick, une goélette, un lougre, un chasse-marée qui ne
fût pourvu de son hélice ; le vent avait fait son temps ; il
était passé de mode ; on n'en voulait plus, et le vieil Éole
dédaigné se cachait honteusement dans son outre.

On comprend combien le percement des isthmes de Suez
et de Panama dut multiplier les affaires de navigation au
long cours ; les opérations maritimes, délivrées de tout
monopole et de l'entrave des courtiers ministériels, prirent
un immense essor ; les bâtiments se multiplièrent sous toutes
les formes. Un magnifique spectacle, à coup sûr, c'était celui
de ces steamers de toutes grandeurs et de toutes nationalités
dont les pavillons déployaient leur mille couleurs dans les
airs ; de vastes warfs, des entrepôts immenses abritaient les
marchandises dont le déchargement se faisait au moyen des

plus ingénieuses machines ; les unes confectionnaient les ballots, les autres les pesaient, celles-ci les étiquetaient, celles-là les transportaient à bord ; les bâtiments remorqués par les locomotives se glissaient le long des murs de granit ; les balles de laine et de coton, les sacs de sucre et de café, les caisses de thé, tous les produits des cinq parties du monde s'empilaient sous forme de montagnes ; il régnait dans l'air cette odeur sui generis que l'on peut appeler le parfum du commerce ; des écriteaux multicolores annonçaient les navires en partance pour chaque point du globe, et tous les idiomes de la terre se parlaient sur ce port de Grenelle, le plus fréquenté de l'univers.

La vue de ce bassin prise des hauteurs d'Arcueil ou de Meudon était réellement admirable ; le regard se perdait dans cette forêt de mâts pavoisés aux jours de fête ; la tour des signaux de marée s'élevait à l'ouverture du port, tandis qu'au fond un phare électrique, sans grande utilité, s'enfonçait dans le ciel à une hauteur de cinq cents pieds. C'était le plus haut monument du monde, et ses feux portaient à quarante lieues ; on les apercevait des tours de la cathédrale de Rouen.

Tout cet ensemble méritait d'être admiré.

« Cela est beau vraiment, dit l'oncle Huguenin.

– Un pulchre spectacle, répondait le professeur.

– Si nous n'avons ni l'eau, ni le vent de la mer, reprenait M. Huguenin, voici du moins les navires que l'eau porte et que le vent pousse ! »

Mais où la foule se pressait, où l'encombrement devenait fort difficile à percer, c'était sur les quais du plus vaste des bassins qui pouvait à peine contenir le gigantesque *Leviathan IV* nouvellement arrivé ; le *Great Eastern* du siècle dernier n'eût pas été digne d'être sa chaloupe ; il venait de New York, et les Américains pouvaient se vanter d'avoir vaincu les Anglais ; il avait trente mâts et quinze cheminées ; sa machine était de la force de trente mille chevaux, dont vingt mille pour ses roues et dix mille pour son hélice ; des chemins de fer permettaient de circuler rapidement d'un bout à l'autre de ses ponts, et, dans l'intervalle des mâts, on admirait des squares plantés de grands arbres dont l'ombre s'étendait sur les massifs, les gazons et les touffes de fleurs ; les élégants pouvaient se promener à cheval dans les allées sinueuses ; dix pieds de terre végétale répandue sur le tillac avaient produit ces parcs flottants. Ce navire était un monde, et sa marche atteignait des résultats prodigieux ; il venait en trois jours de New York à Southampton ; il mesurait deux cents pieds de largeur ; quant à sa longueur, il est facile de la juger par le fait suivant : lorsque *Leviathan IV* était la proue debout au quai de débarquement, les passagers de l'arrière avaient encore un quart de lieue à faire pour arriver en terre ferme.

« Bientôt, dit l'oncle Huguenin en se promenant sous les chênes, les sorbiers et les acacias du pont, on en arrivera à construire ce fantastique navire hollandais, dont le beaupré se trouvait déjà à l'île Maurice, quand son gouvernail était encore en rade de Brest ! »

Michel et Lucy admiraient-ils cette gigantesque machine comme toute cette foule ébahie ? Je l'ignore ; mais ils se promenaient en parlant bas, ou se taisant de leur mieux, et se regardant à l'infini, et ils revinrent au logis de l'oncle Huguenin, sans avoir rien aperçu des merveilles du port de Grenelle !

Chapitre XII

Des opinions de Quinsonnas sur les femmes

Michel vit s'écouler la nuit suivante dans une délicieuse insomnie; à quoi bon dormir? il valait mieux rêver tout éveillé; ce que le jeune homme fit consciencieusement jusqu'au point du jour; ses pensées atteignirent les dernières limites de la poésie éthérée.

Le lendemain matin, il descendit dans les bureaux et remonta sa montagne. Quinsonnas l'attendait. Michel serra ou plutôt étreignit la main de son ami; mais il fut sobre de paroles; il reprit sa dictée, et dicta d'une voix ardente.

Quinsonnas le regarda, mais Michel évita son regard.

«Il y a quelque chose, se dit le pianiste; quel air singulier! il ressemble à quelqu'un qui reviendrait des pays chauds!»

La journée se passa de la sorte, l'un dictant, l'autre écrivant, et, tous deux, s'observant à la dérobée. Le second jour s'écoula sans amener aucun échange de pensées entre les deux amis.

«Il y a de l'amour là-dessous, pensa le pianiste. Laissons-lui cuver son sentiment; il parlera plus tard.»

Le troisième jour, Michel arrêta subitement Quinsonnas au milieu d'une superbe majuscule.

«Mon ami, que penses-tu des femmes? lui demanda-t-il en rougissant.

– C'est bien cela», se dit le pianiste qui ne répondit pas.

Michel renouvela sa question en rougissant davantage.

«Mon fils, répondit gravement Quinsonnas, en interrompant son travail, l'opinion que nous pouvons avoir des femmes, nous autres hommes, est très variable. Je n'en pense pas le matin ce que j'en pense le soir ; le printemps m'amène à leur sujet d'autres idées que l'automne ; la pluie ou le beau temps peuvent singulièrement modifier ma doctrine ; enfin mes digestions elles-mêmes ont une influence incontestable sur mes sentiments à leur égard.

— Ce n'est pas répondre, dit Michel.

— Mon fils, permets-moi de répliquer à une question par une autre question. Crois-tu qu'il y ait encore des femmes sur la terre ?

— Si je le crois ! s'écria le jeune homme.

— Tu en rencontres quelquefois ?

— Tous les jours.

— Entendons-nous, reprit le pianiste ; je ne parle pas de ces êtres plus ou moins féminins, dont le but est de contribuer à la propagation de l'espèce humaine, et que l'on finira par remplacer par des machines à air comprimé.

— Tu plaisantes...

— Mon ami, on en parle sérieusement, mais cela ne laisse pas d'amener quelques réclamations.

— Voyons, Quinsonnas, reprit Michel, soyons sérieux !

— Non pas ! soyons gais ! Mais enfin, j'en reviens à ma proposition : il n'y a plus de femmes ; c'est une race perdue comme celle des carlins et des mégalenthérium !

— Je t'en prie, dit Michel.

— Laisse-moi continuer, mon fils ; je crois qu'il y a eu des femmes autrefois, à une époque très reculée ; les anciens auteurs en parlent en termes formels ; ils citaient même, comme la plus parfaite entre toutes, la Parisienne. C'était, d'après les vieux textes et les estampes du temps, une créature charmante, et sans rivale au monde ; elle réunissait en elle les vices les plus parfaits et les plus vicieuses perfections, étant femme dans toute l'acception du mot. Mais peu à peu, le sang s'appauvrit, la race tomba, et les physiologistes constatèrent dans leurs écrits cette déplorable décadence. As-tu vu quelquefois des chenilles devenir papillons ?

— Oui, répondit Michel.

— Eh bien, reprit le pianiste, ce fut tout le contraire ; l

papillon se refit chenille. La caressante démarche de la Parisienne, sa tournure gracieuse, son regard spirituel et tendre, son aimable sourire, son embonpoint juste et ferme à la fois, firent bientôt place à des formes longues, maigres, arides, décharnées, émaciées, efflanquées, à une désinvolture mécanique, méthodique et puritaine. La taille s'aplatit, le regard s'austérifia, les jointures s'ankylosèrent ; un nez dur et rigide s'abaissa sur des lèvres amincies et rentrées ; le pas s'allongea ; l'ange de la géométrie, si prodigue autrefois de ses courbes les plus attrayantes, livra la femme à toute la rigueur de la ligne droite et des angles aigus. La Française est devenue américaine ; elle parle gravement d'affaires graves, elle prend la vie avec raideur, chevauche sur la maigre échine des mœurs, s'habille mal, sans goût, et porte des corsets de tôle galvanisée qui peuvent résister aux plus fortes pressions. Mon fils, la France a perdu sa vraie supériorité ; ses femmes au siècle charmant de Louis XV avaient efféminé les hommes ; mais depuis elles ont passé au genre masculin, et ne valent plus ni le regard d'un artiste ni l'attention d'un amant !

— Va toujours, répondit Michel.

— Oui, répliqua Quinsonnas, tu souris ! tu penses avoir de quoi me confondre dans ta poche ! tu as là toute prête ta petite exception à la règle générale ! Eh bien ! tu confirmeras celle-ci, voilà tout. Je maintiens mon dire ! Et je vais plus loin ! pas une femme, à quelque classe qu'elle appartienne, n'a échappé à cette dégradation de la race ! La grisette a disparu ; la courtisane, au moins aussi terne qu'entretenue, fait preuve maintenant d'une immoralité sévère ! elle est gauche et sotte, mais fait fortune avec de l'ordre et de l'économie, sans que personne ne se ruine pour elle ! Se ruiner ! allons donc ! c'est un mot qui a vieilli ! tout le monde s'enrichit, mon fils, excepté le corps et l'esprit humain.

— Prétends-tu donc, demanda Michel, qu'il soit impossible de rencontrer une femme à l'époque où nous vivons.

— Certes, au-dessous de quatre-vingt-quinze ans, il n'y a pas ; les dernières sont mortes avec nos grands-mères. Cependant.

Ah ! Cependant ?

– Cela peut se rencontrer au faubourg Saint-Germain ; dans ce petit coin de l'immense Paris, on cultive encore quelque plante rare, cette *puella desiderata,* comme dirait ton professeur, mais là seulement.

– Ainsi, répondit Michel en souriant avec une certaine ironie, tu persistes dans cette opinion que la femme est une race perdue.

– Eh, mon fils, les grands moralistes du dix-neuvième siècle pressentaient déjà cette catastrophe. Balzac, qui s'y connaissait, l'a fait entendre dans sa fameuse lettre à Stendhal : La femme, dit-il, est la Passion et l'homme est l'Action, et c'était pour cette raison que l'homme adorait la femme. Eh bien, ils sont tous deux l'action maintenant et dès lors, il n'y a plus de femmes en France.

– Bon, fit Michel, et que penses-tu du mariage ?

– Rien de bon.

– Mais encore.

– Je serais plus porté pour le mariage des autres que pour le mien.

– Ainsi, tu ne te marierais pas.

– Non, tant qu'on aura pas institué le fameux tribunal demandé par Voltaire pour juger les cas d'infidélité, six hommes et six femmes, avec un hermaphrodite qui eût voix prépondérante dans le cas de partage.

– Voyons, ne plaisantons pas.

– Je ne plaisante pas ; là seulement serait la garantie ! Te rappelles-tu ce qui s'est passé, il y a deux mois, au procès d'adultère que Monsieur de Coutances a fait à sa femme.

– Non !

– Eh bien, le président ayant demandé à Madame de Coutances pourquoi elle avait oublié ses devoirs : j'ai peu de mémoire, a-t-elle répondu ! Et on l'a acquittée. Eh bien ! franchement, cette réponse-là méritait un acquittement.

– Laissons là Madame de Coutances, répondit Michel, et revenons au mariage.

– Mon fils, voici à ce sujet la vérité absolue : Étant garçon, on peut toujours se marier. Étant marié, on ne pe[ut] redevenir garçon. De là, entre l'état de mari et l'état[de] célibataire, une nuance épouvantable.

– Quinsonnas, qu'as-tu précisément à dire contre le mariage ?

– Ce que j'ai à dire, le voici : c'est qu'à une époque où la famille tend à se détruire, où l'intérêt privé pousse chacun de ses membres dans des voies diverses, où le besoin de s'enrichir à tout prix tue les sentiments du cœur, le mariage me paraît une héroïque inutilité ; autrefois, suivant les anciens auteurs, c'était tout autrement ; en feuilletant les vieux dictionnaires, tu serais tout étonné d'y trouver les mots pénates, lares, foyer domestique, un intérieur, la compagne de ma vie, etc. ; mais ces expressions ont disparu depuis longtemps avec les choses qu'elles représentaient. On ne s'en sert plus ; il semble qu'autrefois les époux (encore un mot tombé en désuétude) mêlaient intimement leur existence ; on se souvenait de ces paroles de Sancho : ce n'est pas grand-chose qu'un conseil de femme, mais il faut être fou pour ne pas l'écouter ! Et on l'écoutait. Vois maintenant quelle différence ; le mari actuel vit loin de la femme, de nos jours, il demeure au Cercle, y déjeune, y travaille, y dîne, y joue, et y couche. Madame fait des affaires de son côté. Monsieur la salue comme un étranger, s'il la rencontre par hasard dans la rue ; de temps en temps, il lui rend visite, il fait une apparition à ses lundi ou à ses mercredi ; quelquefois, madame l'invite à dîner, plus rarement à passer la soirée ; enfin, ils se rencontrent si peu, ils se voient si peu, ils se parlent si peu, et ils se tutoient si peu, qu'on se demande avec raison comment il y a encore des héritiers en ce monde !

– Cela est presque vrai, dit Michel.

– Tout à fait vrai, mon fils, répondit Quinsonnas ; on a suivi la tendance du siècle dernier, dans lequel on cherchait à n'avoir que le moins d'enfants possible, les mères se montrant contrariées de voir leurs filles trop promptement enceintes, et les jeunes maris désespérés d'avoir commis une telle maladresse. Aussi, de nos jours, le nombre des enfants légitimes a-t-il singulièrement diminué au profit des enfants naturels ; ceux-ci forment déjà une majorité imposante ; ils deviendront bientôt les maîtres en France, et ils feront rapporter la loi qui interdit la recherche de la paternité.

– Cela me paraît évident, répondit Michel.

– Or, le mal, si mal il y a, reprit Quinsonnas, existe dans toutes les classes de la société ; remarque qu'un vieil égoïste comme moi ne blâme pas cet état de choses, il en profite ; mais je tiens à t'expliquer que le mariage n'est plus le ménage, et que le flambeau de l'hymen ne sert plus comme autrefois à faire bouillir la marmite.

– Ainsi donc, reprit Michel, si pour une raison impro-bable, impossible, je le veux bien, tu en arrivais à vouloir prendre femme ?...

– Mon cher, je chercherais d'abord à m'emmillionner comme les autres ; il faut de l'argent pour mener cette grande existence en partie double ; fille ne se marie guère, qui n'a pas son pesant d'or dans le coffre paternel, et une Marie-Louise avec ses pauvres deux cent cinquante mille francs de dot ne trouverait pas un fils de banquier qui voulût d'elle.

– Mais un Napoléon ?

– Les Napoléon sont rares, mon fils.

– Alors, je vois que tu n'as pas d'enthousiasme pour ton mariage ?

– Pas précisément.

– En aurais-tu pour le mien ?

– Nous y voilà, se dit le pianiste qui ne répondit pas.

– Eh bien, fit le jeune homme, tu te tais ?

– Je te regarde, répliqua gravement Quinsonnas.

– Et puis...

– Et je me demande par où je vais commencer à te lier !

– Moi !

– Oui ! fou ! insensé ! que deviendras-tu ?

– Heureux ! répondit Michel.

– Raisonnons. Ou tu as du génie, ou tu n'en as pas ! Ce mot là t'offense, mettons du talent. Si tu n'en as pas, tu meurs de misère à deux. Si tu en as, c'est bien autre chose.

– Comment cela.

– Mon enfant, tu ne sais donc pas que le génie et même le talent sont une maladie, et que la femme d'un artiste doit se résigner au rôle de garde-malade.

– Eh bien ! j'ai trouvé...

– Une sœur de charité, riposta Quinsonnas, il n'y er

pas. On ne trouve plus que des cousines de charité, et encore !

– J'ai trouvé, te dis-je, répondit Michel avec force.

– Une femme ?

– Oui !

– Une jeune fille ?

– Oui !

– Un ange !

– Oui !

– Eh bien, mon fils, arrache-lui les plumes, et mets-le en cage ou bien il s'envolera.

– Écoute, Quinsonnas, il s'agit d'une jeune personne douce, bonne, aimante...

– Et riche ?

– Pauvre ! à la veille d'être misérable. Je ne l'ai encore vue qu'une seule fois...

– C'est beaucoup ! Il vaudrait mieux l'avoir vue souvent...

– Ne plaisante pas, mon ami ; c'est la petite fille de mon vieux professeur ; je l'aime à en perdre la tête ; nous avons causé comme des amis de vingt ans ; elle m'aimera ! c'est un ange !

– Tu te répètes ! mon fils, Pascal a dit que l'homme n'est nulle part ni ange ni brute ! eh bien ! à vous deux, ta belle et toi, vous lui donnez un furieux démenti !

– Oh ! Quinsonnas !

– Sois calme ! tu n'es pas l'ange ! Est-il possible ! lui ! amoureux ! à dix-neuf ans, songer à faire ce qui est encore une sottise à quarante !

– Ce qui est encore un bonheur, si l'on est aimé, répondit le jeune homme !

– Tiens ! tais-toi, s'écria le pianiste ! tais-toi ! tu m'exaspères ! n'ajoute pas un mot ou je... »

Et Quinsonnas, véritablement irrité, frappait avec violence sur les pages immaculées du Grand Livre.

Une conversation sur les femmes et l'amour peut évidemment ne pas avoir de fin, et celle-ci se serait sans doute continuée jusqu'au soir, s'il ne se fût produit un accident terrible dont les conséquences devaient être incalculables.

En gesticulant avec passion, Quinsonnas heurta malen-
contreusement le vaste appareil siphoïde qui lui versait ses
encres multicolores, et des flots rouges, jaunes, verts, bleus
s'allongèrent comme des torrents de lave sur les pages du
Grand Livre.

Quinsonnas ne put retenir un cri formidable ; les bureaux
en tressaillirent. On crut que le Grand Livre s'écroulait.

« Nous sommes perdus, dit Michel d'une voix altérée.

– Comme tu le dis, mon fils, répondit Quinsonnas.
L'inondation nous gagne ; sauve qui peut ! »

Mais en ce moment, Monsieur Casmodage et le cousin
Athanase apparurent dans les salles de la comptabilité. Le
banquier se dirigea vers le théâtre du sinistre ; il fut atterré ;
il ouvrit la bouche et ne put parler ; la colère l'étouffait !

Et il y avait de quoi ! Ce livre merveilleux où s'inscri-
vaient les vastes opérations de la maison de banque, taché !
ce recueil précieux des affaires financières, maculé ! ce véritable atlas, qui contenait un monde, contaminé ! ce monument gigantesque, que, les jours de fête, le concierge de
l'hôtel montrait aux étrangers, souillé, flétri ! éclaboussé !
abîmé ! perdu ! son gardien, l'homme auquel une pareille
tâche était confiée, avait trahi son mandat ! le prêtre désho-
norait l'autel de ses propres mains !

M. Casmodage pensait à toutes ces horribles choses, mais
il ne pouvait parler. Un affreux silence régnait dans le
bureau.

Tout d'un coup, M. Casmodage fit un geste au malheureux copiste ; ce geste consistait en un bras tendu vers la
porte avec une force, une conviction, une volonté telle qu'on
ne pouvait s'y méprendre ! Ce geste parlant voulait si bien
dire « sortez ! » dans tous les langages humains que Quinsonnas descendit des sommets hospitaliers où se passa sa
jeunesse. Michel le suivait, et s'avança vers le banquier.

« Monsieur, dit-il, c'est moi qui suis la cause... »

Un second geste du même bras plus tendu encore, si c'est
possible, renvoya le dicteur sur la route du copiste.

Alors, Quinsonnas ôta soigneusement ses manches de
toile, prit son chapeau, l'essuya du coude, le mit sur sa tête
et marcha droit au banquier.

Les yeux de ce dernier lançaient des éclairs ; mais il ne pouvait parvenir à tonner.

« Monsieur Casmodage et Cie, dit Quinsonnas de sa voix la plus aimable, vous pourriez croire que je suis l'auteur de ce crime, car c'en est un d'avoir déshonoré votre Grand Livre. Je ne dois pas vous laisser dans cette erreur. Comme tous les maux de ce monde, ce sont les femmes qui ont causé cet irréparable malheur ; prenez-vous-en donc à notre mère Ève et à son stupide mari ; toute peine ou souffrance nous vient d'eux, et quand nous avons mal à l'estomac, c'est parce qu'Adam a mangé des pommes crues. Sur ce, bonsoir. »

Et l'artiste sortit, suivi de Michel, tandis qu'Athanase soutenait le bras du banquier, comme Aaron celui de Moïse pendant la bataille des Amalécites.

Chapitre XIII

Où il est traité de la facilité
avec laquelle un artiste peut mourir
de faim au XXe siècle

La position du jeune homme était singulièrement changée. Combien se fussent désespérés à sa place, qui n'auraient pas envisagé la question à son point de vue ; s'il ne pouvait plus compter sur la famille de son oncle, il se sentait libre enfin ; on le renvoyait, on le mettait à la porte, et il croyait sortir de prison ; on le remerciait, et il se trouvait avoir mille remerciements à faire. Ses préoccupations n'allaient pas jusqu'à savoir ce qu'il deviendrait. Il se sentait capable de tout, au grand air.

Quinsonnas eut certaine peine à le calmer, mais il eut soin de laisser tomber cette effervescence.

« Viens chez moi, lui dit-il ; il faut bien se coucher.

— Se coucher quand le jour se lève, répliqua Michel avec de grands gestes.

— Métaphoriquement, il se lève, je le veux bien, répondit Quinsonnas ; mais physiquement, voici la nuit ; or on ne couche plus à la belle étoile ; il n'y a plus de belles étoiles ; les astronomes ne s'occupent guère que de celles que l'on ne voit pas. Viens, nous causerons de la situation.

— Pas aujourd'hui, répondit Michel, tu me dirais des choses ennuyeuses ; je les connais ! Que penserais-tu que je sache ; voudrais-tu dire à un esclave, ivre de ses premières heures de liberté : « Vous savez, mon ami, vous allez mourir de faim maintenant ! »

– Tu as raison, répondit Quinsonnas ; aujourd'hui je me tairai ; mais demain !

– Demain, c'est dimanche ! Est-ce que tu veux me gâter mon jour de fête !

– Ah ! ça ! on ne pourra donc plus parler.

– Si ! mais si ! un de ces jours.

– Tiens ! une idée, fit le pianiste, puisque c'est demain dimanche, si nous allions voir ton oncle Huguenin ! Je ne serais pas fâché de faire la connaissance de ce brave homme !

– C'est dit, s'écria Michel.

– Oui, mais, à tous trois, tu nous permettras bien de chercher une solution à la situation présente.

– Eh bien ! cela me va, répondit Michel, et ce sera bien le diable si nous ne trouvons pas !

– Hé ! Hé ! » fit Quinsonnas, qui se contenta de hocher la tête sans répondre.

Le lendemain, il prit de bon matin un gaz-cab, et vint chercher Michel ; celui-ci l'attendait ; il descendit, sauta dans le véhicule, et le mécanicien mit sa machine en mouvement ; c'était merveille de voir cette voiture se diriger rapidement sans moteur apparent ; Quinsonnas préférait beaucoup aux chemins de fer ce mode de locomotion.

Il faisait beau temps ; le gaz-cab circulait à travers les rues à peine éveillées, tournant adroitement les angles, remontant les rampes sans peine, et filant parfois avec une rapidité merveilleuse sur les chaussées bitumées.

Au bout de vingt minutes, il s'arrêtait à la rue du Caillou. Quinsonnas paya sa course, et les deux amis s'élevèrent bientôt à la hauteur de l'oncle Huguenin.

Celui-ci ouvrit sa porte. Michel sauta au cou de son oncle et présenta Quinsonnas.

M. Huguenin reçut cordialement le pianiste, fit asseoir ses visiteurs, et les invita sans façon à déjeuner.

« Ma foi, mon oncle, dit Michel, j'avais formé un proje

– Lequel ! mon enfant.

– Celui de vous emmener pour toute la journée à la campagne.

– À la campagne, s'écria l'oncle ; mais il n'y a plus de campagne, Michel !

– Cela est vrai, répondit Quinsonnas, où prends-tu la campagne ?

– Je vois que monsieur Quinsonnas est de mon avis, répliqua l'oncle.

– Complètement, monsieur Huguenin.

– Vois-tu, Michel, reprit l'oncle, pour moi, la campagne, avant les arbres, avant les plaines, avant les ruisseaux, avant les prairies, est surtout l'atmosphère ; or, à dix lieues autour de Paris, il n'y a plus d'atmosphère ! Nous étions jaloux de celle de Londres, et, au moyen de dix mille cheminées d'usine, de fabrique de produits chimiques, de guano artificiel, de fumée de charbon, de gaz délétères, et de miasmes industriels, nous nous sommes composé un air qui vaut celui du Royaume-Uni ; donc à moins d'aller loin, trop loin pour mes vieilles jambes, il ne faut pas songer à respirer quelque chose de pur ! Si tu m'en crois, nous resterons tranquillement chez nous, en fermant bien nos fenêtres et nous déjeunerons du mieux qu'il nous sera possible. »

Cela se fit suivant le désir de l'oncle Huguenin ; on se mit à table ; on mangea ; on causa de choses et d'autres ; M. Huguenin observait Quinsonnas, qui ne put s'empêcher de lui dire au dessert :

« Ma foi, monsieur Huguenin, vous avez une bonne figure qui fait plaisir à voir, par ce temps de faces sinistres ; permettez-moi de vous resserrer la main.

– Monsieur Quinsonnas, je vous connais de longue date ; ce garçon m'a souvent parlé de vous ; je savais que vous étiez des nôtres, et je remercie Michel de votre bonne visite ; il a bien fait de vous amener.

– Eh ! Eh ! monsieur Huguenin, dites que c'est moi qui amène, et vous serez dans le vrai.

– Qu'y a-t-il donc, Michel, pour que l'on t'amène ici ?

Monsieur Huguenin, reprit Quinsonnas, amené n'est e mot, c'est traîné qu'il faut dire.

– Oh ! fit Michel ! Quinsonnas est l'exagération en personne !

– Mais enfin, dit l'oncle...

– Monsieur Huguenin, reprit le pianiste, regardez-nous bien.

– Je vous regarde, messieurs.

– Voyons, Michel, retourne-toi afin que ton oncle puisse nous examiner sous tous les angles.

– Me direz-vous le motif de cette exhibition ?

– Monsieur Huguenin, ne trouvez-vous pas qu'il y a en nous quelque chose de gens récemment flanqués à la porte ?

– Flanqués à la porte.

– Oh ! mais ! flanqués comme on ne flanque plus.

– Comment ! il vous serait arrivé malheur ?

– Bonheur ! fit Michel.

– Enfant, dit Quinsonnas, en haussant les épaules. Monsieur Huguenin, nous sommes tout bonnement sur le pavé, ou mieux sur le bitume de Paris !

– Est-il possible ?

– Oui ! mon oncle, répondit Michel.

– Que s'est-il donc passé ?

– Voilà, monsieur Huguenin. »

Quinsonnas commença alors le récit de sa catastrophe ; sa manière de conter et d'envisager les événements, et quoique il en eût, son exubérante philosophie, arrachèrent des sourires involontaires à l'oncle Huguenin.

« Il n'y a pourtant pas là de quoi rire, dit-il.

– Ni de quoi pleurer, fit Michel.

– Qu'allez-vous devenir ?

– Ne nous occupons pas de moi, répondit Quinsonnas, mais de l'enfant.

– Et surtout, répliqua le jeune homme, parlons comme si je n'étais pas là.

– Voici la situation, reprit Quinsonnas. Étant donné un garçon qui ne peut être ni un financier, ni un commerçan' ni un industriel, comment va-t-il se tirer d'affaire en ' monde ?

– C'est bien là question à résoudre, répondit l'oncle elle est singulièrement embarrassante ; vous avez nomm' monsieur, les trois seules professions actuelles ; et je n'en vois pas d'autres, à moins d'être...

– Propriétaire, dit le pianiste.

– Justement !

– Propriétaire, fit Michel en éclatant de rire !

– En vérité ! il se moque, s'écria Quinsonnas ! Il traite avec une impardonnable légèreté cette profession aussi lucrative qu'honorable. Malheureux, as-tu jamais réfléchi à ce qu'est un propriétaire ! Mais, mon fils, c'est effrayant ce que contient ce mot ! Quand on pense qu'un homme, ton semblable, fait de chair et d'os, né d'une femme, d'une simple mortelle, possède une certaine portion du globe ! que cette portion de globe lui appartient en propre, comme sa tête, et souvent plus encore ! que personne, pas même Dieu, ne peut lui enlever cette portion de globe qu'il transmet à ses héritiers ! que cette portion de globe, il a le droit de la creuser, de la retourner, de la bâtir à sa fantaisie ! que l'air qui l'enveloppe, l'eau qui l'arrose, tout est à lui ! qu'il peut brûler son arbre, boire ses ruisseaux et manger son herbe, si cela lui plaît ! que chaque jour, il se dit : cette terre que le créateur a créée au premier jour du monde, j'en ai ma part ; cette surface de l'hémisphère est à moi, bien à moi, avec les six mille toises d'air respirable qui s'élèvent au-dessus, et quinze cents lieues d'écorce terrestre qui s'enfoncent au-dessous ! Car enfin, cet homme est propriétaire jusqu'au centre même du globe, et n'est limité que par son copropriétaire des antipodes ! Mais, déplorable enfant, tu n'as donc jamais réfléchi pour rire de la sorte, tu n'as donc jamais calculé qu'un homme possédant un simple hectare a réellement, véritablement à lui, un cône renfermant vingt milliards de mètres cubes, à lui, bien à lui, tout ce qu'il y a de plus à lui ! »

Quinsonnas était magnifique à peindre ! le geste ! l'intonation ! la figure ! il faisait illusion ; on ne pouvait s'y méprendre ; c'était l'homme qui avait du bien au soleil : il possédait !

« Ah ! monsieur Quinsonnas, s'écria l'oncle Huguenin, vous êtes superbe ! C'est à vous donner envie d'être propriétaire pour le reste de ses jours !

– N'est-il pas vrai, monsieur Huguenin ! Et cet enfant qui en rit !

– Oui ! je ris, répondit Michel, car il ne m'arrivera jamais d'avoir même un mètre cube de terre ! à moins que le hasard...

– Comment ! le hasard, s'écria le pianiste ! voilà pourtant un mot que tu ne comprends pas, et dont tu te sers !

– Que veux-tu dire ?

– Je veux dire que hasard vient d'un mot arabe, et ce mot signifie difficile ! pas autre chose ; donc en ce monde, il n'y a que des difficultés à vaincre ! et avec de la persévérance et de l'intelligence, on s'en tire.

– C'est cela ! répondit l'oncle Huguenin ! Voyons, Michel, qu'en penses-tu ?

– Mon oncle, je ne suis pas si ambitieux, et les vingt milliards de Quinsonnas me touchent peu !

– Mais, répondit Quinsonnas, un hectare de terre produit de vingt à vingt-cinq hectolitres de blé, et un hectolitre de blé peut donner soixante-quinze kilogrammes de pain ! une demi-année de nourriture à une livre par jour !

– Ah ! se nourrir ! se nourrir, s'écria Michel, toujours la même chanson.

– Oui ! mon fils, la chanson du pain, qui se chante souvent sur un air triste.

– Enfin, Michel, demanda l'oncle Huguenin, que prétends-tu faire ?

– Si j'étais absolument libre, mon oncle, répondit le jeune homme, je voudrais mettre en pratique cette définition du bonheur que j'ai lue je ne sais où, et qui comprend quatre conditions.

– Et lesquelles, sans être trop curieux, demanda Quinsonnas.

– La vie en plein air, répondit Michel, l'amour d'une femme, le détachement de toute ambition, et la création d'un beau nouveau.

– Eh bien, s'écria le pianiste en riant, Michel a déjà réalisé la moitié du programme.

– Comment cela ? demanda l'oncle Huguenin.

– La vie en plein air ? on l'a mis sur le pavé !

– Juste, fit l'oncle.

– L'amour d'une femme ?...

– Passons, dit Michel en rougissant.

– Bien, fit M. Huguenin d'un air goguenard.

– Quant aux deux autres conditions, reprit Quinsonnas ; c'est plus difficile ! Je le crois assez ambitieux pour n'être pas suffisamment détaché de toute ambition...

– Mais la création d'un beau nouveau, s'écria Michel en se levant avec enthousiasme.

– Le gaillard en est bien capable, répliqua Quinsonnas.

– Pauvre enfant, fit l'oncle d'un ton assez triste.

– Mon oncle...

– Tu ne sais rien de la vie, et toute la vie il faut apprendre à vivre, a dit Sénèque ; je t'en conjure, ne te laisse pas aller à des espérances insensées, et crois aux obstacles !

– En effet, reprit le pianiste, cela ne va pas tout seul en ce monde ; il faut, comme en mécanique, faire la part des milieux et des frottements ! frottement des amis, des ennemis, des importuns, des rivaux ! milieu des femmes, de la famille, de la société ; un bon ingénieur doit tenir compte de tout !

– Monsieur Quinsonnas a raison, répliqua l'oncle Huguenin, mais précisons davantage, Michel ; jusqu'ici, tu n'as pas réussi dans la finance.

– C'est pourquoi, je demande à suivre un peu mes goûts et mes aptitudes !

– Tes aptitudes ! s'écria le pianiste ! tiens, en ce moment, tu me donnes le triste spectacle d'un poète qui meurt de faim et qui cependant nourrit l'espoir !

– Ce diable de Quinsonnas, répondit Michel, a une manière plaisante d'envisager les choses !

– Je ne plaisante pas, j'argumente ! Tu veux être artiste à une époque où l'art est mort !

– Oh ! mort !

– Mort ! enterré, avec épithaphe et urne funéraire. emple : es-tu peintre ? Eh bien, la peinture n'existe plus ; 'y a plus de tableaux, même au Louvre ; on les a si mment restaurés au siècle dernier, qu'ils s'en vont en e ; les *Saintes Familles* de Raphaël ne se composent plus guère que d'un bras de la Vierge et d'un œil de saint Jean ; ce qui est peu ; *Les noces de Cana* t'offrent au regard un archet aérien qui joue d'une viole volante ; c'est insuffisant ! Les Titien, les Corrège, les Giorgione, les Léonard, les Murillo, les Rubens ont une maladie de peau qu'ils ont gagnée au contact de leurs médecins, et ils en meurent ; nous n'avons plus que des ombres insaisissables, des lignes indéterminées, des couleurs rongées, noircies, mêlées, dans des cadres splendides ! On a laissé pourrir les tableaux, et les peintres aussi ; car il n'y a pas eu une exposition depuis cinquante ans. Et c'est heureux !

— Heureux, dit M. Huguenin.

— Sans doute, car, au siècle dernier déjà, le réalisme fit tant de progrès qu'on ne put le tolérer davantage ! On raconte même qu'un certain Courbet, à une des dernières expositions, s'exposa, face au mur, dans l'accomplissement de l'un des actes les plus hygiéniques, mais les moins élégants de la vie ! C'était à faire fuir les oiseaux de Zeuxis.

— Horreur, fit l'oncle.

— Après cela, répondit Quinsonnas, c'était un auvergnat. Ainsi donc, au vingtième siècle, plus de peinture et plus de peintres. Y a-t-il au moins des sculpteurs ? Pas davantage, depuis qu'on a planté, au beau milieu de la Cour du Louvre, la muse de l'industrie : une forte mégère accroupie sur un cylindre de machine, tenant un viaduc sur ses genoux, pompant d'une main, soufflant de l'autre, avec un collier de petites locomotives sur ses épaules et un paratonnerre dans son chignon !

— Ma foi ! j'irai voir ce chef-d'œuvre, dit M. Huguenin.

— Cela en vaut la peine, répondit Quinsonnas. Donc, pas de sculpteurs ! y a-t-il des musiciens ? tu connais, Michel, mon opinion à cet égard ! Donneras-tu dans la littérature ? Mais qui lit des romans, pas même ceux qui les font, si j'en juge par leur style ! non ! tout cela est fini, passé, trépassé

— Mais enfin, répondit Michel, auprès des arts, il y a d professions qui les côtoient !

— Ah ! oui ! autrefois, on pouvait se faire journaliste te l'accorde ; cela était bon au temps où il existait une b geoisie pour croire aux journaux, et pour faire de la

tique ! mais qui s'occupe de politique ? Est-ce à l'extérieur ?
non ! la guerre n'est plus possible et la diplomatie est passée
de mode ! Est-ce à l'intérieur ? tranquillité absolue ! il n'y a
plus de partis en France : les orléanistes font du commerce
et les républicains de l'industrie ; à peine compte-t-on
quelques légitimistes ralliés aux Bourbons de Naples, qui
entretiennent une petite Gazette pour y soupirer ! Le gouvernement fait ses affaires comme un bon négociant, et paie
régulièrement ses billets ; on croit même qu'il distribuera un
dividende cette année ! Les élections ne passionnent plus
personne ; les fils députés succèdent aux pères députés, exer-
cent tranquillement leur métier de législateurs sans faire de
bruit, comme des enfants sages qui travaillent dans leur
chambre ! c'est à croire vraiment que candidat vient du mot
candide ! En présence d'un tel état de choses, à quoi bon le
journalisme ? à Rien !

— Tout cela est malheureusement vrai, répondit l'oncle
Huguenin, le journalisme a fait son temps.

— Oui ! comme un libéré de Fontevrault ou de Melun ; et
il ne recommencera plus. On en avait abusé, il y a cent ans,
et nous en portons la peine ; on ne lisait guère alors, mais
tout le monde écrivait ; en 1900, le nombre des journaux en
France, politiques ou non, illustrés ou pas, atteignait le
chiffre de soixante mille ; ils étaient écrits dans tous les
patois pour l'instruction des campagnes, en picard, en
basque, en breton, en arabe ! oui, messieurs, il y avait un
journal arabe, *la Sentinelle du Sahara,* que les plaisants du
jour appelaient un *journal hebdromadaire* ! Eh bien, toute
cette belle fureur de journaux a bientôt amené la mort du
journalisme, par cette raison sans réplique que les écrivains
étaient devenus plus nombreux que les lecteurs !

— À cette époque, répondit l'oncle Huguenin, il y avait
ussi le petit journal dans lequel on vivotait tant bien que
al.

— Sans doute, répliqua Quinsonnas, mais avec toutes ses
es qualités, il en fut de lui comme de la jument de
nd ; les gaillards qui les rédigeaient ont tant abusé de
it que la mine a fini par s'épuiser ; personne ne compre-
lus, de ceux qui lisaient encore ; d'ailleurs, ces

aimables écrivains ont fini par s'entretuer plus ou moins, car il ne se fit jamais une plus grande consommation de gifles et de coups de canne ; il fallait avoir bon dos et bonne joue pour y suffire. L'excès amena la catastrophe, et le petit journalisme alla rejoindre le grand dans l'oubli.

— Mais, demanda Michel, n'y avait-il pas aussi la critique qui nourrissait assez bien son personnel ?

— Je le crois bien, répondit Quinsonnas ! elle avait ses princes ! il y avait de ces gens-là qui avaient du talent à revendre, et même à vendre ! On faisait antichambre chez les grands Seigneurs dont quelques-uns ne dédaignaient pas de tarifer leurs éloges, et l'on payait, et l'on paya jusqu'au moment où un fait imprévu vint radicalement tuer les grands prêtres de l'éreintement.

— Et quel fait, dit Michel ?

— L'application sur une grande échelle d'un certain article du Code. Toute personne nommée dans un article, ayant droit de répondre à la même place par un nombre égal de lignes, les auteurs de pièces de théâtre, de romans, de livres de philosophie, d'histoire, se mirent à répliquer en masse à leurs critiques ; chacun avait droit à tant de mots, et usait de son droit ; les journaux prétendirent résister d'abord, de là procès ; on les condamna ; alors pour suffire aux récla-mations, ils agrandirent leur format ; mais les inventeurs de n'importe quelle machine s'en mêlèrent ; on ne put parler de rien sans provoquer une réponse à insérer ; et cela devint un tel abus qu'en fin de compte, la critique fut tuée sur place. Avec elle disparut cette dernière ressource du journalisme.

— Mais que faire alors ? dit l'oncle Huguenin.

— Que faire ? C'est toujours la question, à moins d'être médecin, si l'on ne veut pas de l'industrie, du commerce et de la finance ! Et encore, le diable m'emporte ! Je crois que les maladies s'usent, et si la faculté n'en inocule pas de nouvelles, elle sera bientôt sans ouvrage ! Je ne parlerai p[as] du barreau ; on ne plaide plus, on transige ; on préfère [une] mauvaise transaction à un bon procès ; c'est plus rapid[e,] plus commercial !

— Mais, j'y pense, dit l'oncle, il y a encore les jou[rnaux] financiers !

— Oui, répondit Quinsonnas ; mais Michel voudra-t-il entrer là-dedans, se faire bulletinier, porter la livrée d'un Casmodage ou d'un Boutardin, arrondir des périodes malencontreuses sur les suifs, les colzas ou le trois pour cent, se faire prendre chaque jour en flagrant délit d'erreurs, prophétiser les événements avec aplomb, en partant de ce principe, que si la prophétie ne se réalise pas, on oubliera le prophète, et que, si elle se réalise, il se targuera bien haut de sa perspicacité, enfin écraser, argent comptant, des sociétés rivales pour le plus grand profit d'un banquier, ce qui est au-dessous de frotter ses bureaux ! Michel consentira-t-il à cela ?

— Non ! certes !

— Je ne vois donc plus que les emplois du gouvernement, devenir fonctionnaire ; on en compte dix millions en France ; calcule les chances d'avancement, et prends la file !

— Ma foi, dit l'oncle, ce serait peut-être le parti le plus sage.

— Sage, mais désespéré, répondit le jeune homme.

— Enfin, Michel.

— Dans la revue des professions nourrissantes, répondit ce dernier, Quinsonnas en a pourtant oublié une.

— Et laquelle, demanda le pianiste.

— Celle d'auteur dramatique.

— Ah ! tu veux faire du théâtre ?

— Pourquoi pas ? le théâtre ne nourrit-il pas, pour parler ton affreux langage ?

— Ma foi, Michel, répondit Quinsonnas, au lieu de te dire ce que j'en pense, je veux t'en faire goûter. Je t'aurai une lettre de recommandation pour le Directeur général de *l'Entrepôt Dramatique* ; et tu en tâteras !

— Quand cela ?

— Pas plus tard que demain.

— C'est dit !

— C'est dit.

— Cela est sérieux, demanda l'oncle Huguenin ?

— Très sérieux, répondit Quinsonnas ; il se peut qu'il réussisse ; en tout cas, dans six mois comme maintenant, il sera temps de se fonctionnariser.

— Eh bien, Michel, nous te verrons à l'œuvre. Mais vous, monsieur Quinsonnas, vous avez partagé l'infortune de cet enfant. Me sera-t-il permis de vous demander ce que vous comptez faire ?

— Oh ! monsieur Huguenin, répondit le pianiste ; ne vous inquiétez pas de moi. Michel sait que j'ai un grand projet.

— Oui, répondit le jeune homme, il veut étonner son siècle.

— Étonner votre siècle.

— Tel est le noble but de ma vie ; je crois que je tiens mon affaire et préalablement, je compte aller l'essayer à l'étranger ! Là, vous le savez, se fondent les grandes réputations !

— Tu t'absenteras, dit Michel.

— Dans quelques mois, répondit Quinsonnas, mais je reviendrai vite.

— Bonne chance, dit l'oncle Huguenin en tendant la main à Quinsonnas qui se levait, et merci de l'amitié que vous portez à Michel.

— Si l'enfant veut venir, répondit le pianiste, je vais lui procurer immédiatement sa lettre de recommandation.

— Volontiers, fit le jeune homme. Adieu, mon bon oncle.

— Adieu, mon fils.

— Au revoir, monsieur Huguenin, fit le pianiste.

— Au revoir, monsieur Quinsonnas, dit le bonhomme, et puisse la fortune vous sourire.

— Sourire ! répondit Quinsonnas ; mieux que cela, monsieur Huguenin, je veux qu'elle me rie aux éclats. »

Chapitre XIV

Le Grand Entrepôt Dramatique

À cette époque où tout se centralisait, la pensée aussi bien que la force mécanique, la création d'un *Entrepôt Dramatique* était naturellement indiquée ; des hommes se présentèrent, pratiques et industrieux, qui obtinrent le privilège de cette importante société, en 1903.

Mais vingt ans plus tard, elle passa dans les mains du gouvernement et fonctionna sous les ordres d'un Directeur général, Conseiller d'État.

Les cinquante théâtres de la Capitale se fournissaient là de pièces de tout genre ; les unes étaient confectionnées d'avance ; d'autres se faisaient sur commande, celle-ci à la taille de tel acteur, celle-là dans tel ordre d'idée.

La censure disparut naturellement devant ce nouvel état de choses, et ses ciseaux emblématiques se rouillèrent au fond de ses tiroirs ; ils étaient d'ailleurs fort ébréchés par l'usage, mais le gouvernement évita cette dépense de les faire repasser.

Les directeurs des théâtres de Paris et de la province étaient fonctionnaires de l'État, appointés, pensionnés, retraités et décorés, suivant leur âge et leurs services.

Les comédiens émargeaient au budget, sans être encore employés du gouvernement ; les préjugés du vieux temps à leur égard s'affaiblissaient de jour en jour ; leur métier comptait parmi les professions honorables ; on les introduisait de plus en plus dans les comédies de salon ; ils partageaient les rôles avec les invités, et avaient fini par être du monde ; il y avait des grandes dames qui donnaient la réplique aux grandes comédiennes, et leur disaient dans certains rôles :

« Vous valez mieux que moi, madame, la vertu brille sur votre front ; moi ! je ne suis qu'une misérable courtisane... »

Et autres aménités.

Il y avait même un opulent sociétaire de la Comédie française qui faisait jouer chez lui des pièces intimes par des fils de famille.

Tout cela rehaussait singulièrement la profession de comédien.

La création du *Grand Entrepôt Dramatique* fit disparaître la bruyante société des auteurs ; les employés de la société touchaient leurs appointements mensuels, fort élevés d'ailleurs, et l'État encaissait les recettes.

Il avait ainsi la haute direction de la Littérature dramatique. Si le *Grand Entrepôt* ne produisait pas de chefs-d'œuvre, au moins amusait-il les populations dociles par de paisibles ouvrages ; on ne jouait plus les auteurs anciens ; quelquefois et par exception, on donnait du Molière au Palais Royal, avec couplets et lazzis de messieurs les comédiens ; mais Hugo, Dumas, Ponsard, Augier, Scribe, Sardou, Barrière, Meurice, Vacquerie, se trouvaient éliminés en masse ; ils avaient un peu abusé de leur talent autrefois pour entraîner le siècle ; or, dans une société bien organisée, le siècle doit tout au plus marcher, non courir ; et cet attelage avait des jambes et des poumons de cerf ; cela n'était pas sans danger.

Tout se passait donc maintenant avec ordre, comme il convient à des gens civilisés ; les auteurs fonctionnaires vivaient bien et ne s'épuisaient pas ; plus de ces poètes bohémiens, de ces génies misérables qui semblaient protester éternellement contre l'ordre des choses ; eût-on pu se plaindre de cette organisation qui tuait la personnalité des gens et fournissait au public la somme de littérature nécessaire à ses besoins ?

Quelquefois, un pauvre diable, se sentant au cœur le fe sacré, essayait de percer ; mais les théâtres lui étaient cl par leurs traités avec le *Grand Entrepôt Dramatique* ; alors le poète incompris publiait quelque belle comédie à ses frais, personne ne la lisait, et elle devenait la proie de ces petits êtres de la classe des Entomozoaires, qui devaient être les plus instruits de leur époque, s'ils lisaient tout ce qu'on leur donnait à ronger.

Ce fut donc vers le *Grand Entrepôt,* reconnu, par décret, établissement d'utilité publique, que Michel Dufrénoy se dirigea, sa lettre de recommandation à la main.

Les bureaux de la société étaient situés rue Neuve-Palestro, et occupaient une ancienne caserne sans emploi.

Michel fut introduit auprès du Directeur.

C'était un homme du plus grand sérieux, très pénétré de l'importance de ses fonctions ; il ne riait jamais, il ne sourcillait même pas aux mots les plus réussis de ses vaudevilles ; aussi le disait-on à l'épreuve de la bombe ; ses employés lui reprochaient de les mener un peu militairement ; mais il avait à faire à tant de monde ! auteurs comiques, dramaturges, vaudevillistes, librettistes, sans compter les deux cents fonctionnaires du bureau de copie, et la légion des claqueurs.

Car l'administration en fournissait les théâtres, selon la nature des pièces représentées ; ces messieurs, fort bien disciplinés, étudiaient sous de savants professeurs l'art délicat des applaudissements et la gamme des nuances.

Michel présenta la lettre de Quinsonnas. Le Directeur la lut de haut, et dit :

« Monsieur, je connais beaucoup votre protecteur, et je serai charmé de lui être agréable en ceci ; il me parle de vos aptitudes littéraires.

— Monsieur, répondit modestement le jeune homme, je n'ai encore rien produit.

— Tant mieux, c'est un titre à nos yeux, répondit le Directeur.

— Mais j'ai quelques idées neuves.

— Inutile, monsieur, nous n'avons que faire de nouveauté ; ute personnalité doit disparaître ici ; vous aurez à vous ndre dans un vaste ensemble qui produit des œuvres vennes. Seulement je ne puis me départir à votre égard des règles établies ; vous aurez à subir un examen pour être reçu.

— Un examen, dit Michel étonné.

— Oui. Une composition écrite.

— Bien, monsieur, je suis à vos ordres.

— Croyez-vous être prêt pour aujourd'hui ?

— Quand vous voudrez, monsieur le Directeur.

— À l'instant donc. »

Le Directeur donna des ordres, et bientôt Michel fut installé dans une chambre avec plume, papier, encre, et un sujet de composition. On le laissa seul !

Quel fut son étonnement ! il s'attendait à traiter un morceau d'histoire, à résumer quelque produit de l'art dramatique, à analyser quelque chef-d'œuvre du vieux répertoire. L'enfant !

Il avait à imaginer un coup de théâtre dans une situation donnée, un couplet de facture avec pointe, et un calembour par à peu près !

Il prit son courage à deux mains, et travailla de son mieux.

En somme, sa composition fut faible et incomplète ; l'habileté de main, *la patte,* comme on disait encore, lui manquait, le coup de théâtre laissait à désirer, le couplet était trop poétique pour un vaudeville, et le calembour complètement raté.

Cependant, grâce à son protecteur, il fut admis à dix-huit cents francs d'appointement ; son coup de théâtre étant la partie la moins faible de son examen, on le plaça dans la Division de la comédie.

C'était une merveilleuse organisation que celle du *Grand Entrepôt Dramatique.*

Il comprenait cinq grandes Divisions :

1° haute comédie et comédie de genre.

2° vaudeville proprement dit.

3° drame historique et drame moderne.

4° opéra et opéra comique.

5° revues, féeries et à propos officiels.

La tragédie était et demeurait supprimée.

Chaque division renfermait des employés spécialist

leur nomenclature fera connaître peu à peu le mécanism

cette grande institution où tout était prévu, ordonné, ordonnancé.

En trente-six heures, on pouvait livrer une comédie de genre ou une revue de fin d'année.

Michel fut donc installé à son bureau, dans la première Division.

Il s'y trouvait des employés de talent, préposés l'un aux Expositions, l'autre aux Dénouements, celui-ci aux Sorties, celui-là aux Entrées des personnages ; l'un tenait le bureau des rimes riches, quand on voulait absolument des vers, l'autre la partie des rimes courantes pour simple dialogue d'action.

Il existait aussi une spécialité de fonctionnaires, parmi lesquels Michel fut appelé à prendre place ; ces employés, fort habiles d'ailleurs, avaient pour mission de refaire les pièces des siècles précédents, soit en les copiant tout bonnement, soit en retournant les personnages.

C'est ainsi que l'administration venait d'obtenir un immense succès au théâtre du Gymnase avec *le Demi-Monde* ingénieusement retourné ; la baronne d'Ange était devenue une jeune femme naïve et sans expérience qui manquait de tomber dans les filets de de Nanjac ; sans son amie, madame de Jalin, ancienne maîtresse dudit Nanjac, le coup était fait ; l'épisode *des abricots,* et la peinture de ce monde de gens mariés dont on ne voyait jamais les femmes, enlevait la salle.

On avait également refait *Gabrielle,* le gouvernement ayant eu intérêt à ménager les femmes des avoués dans je ne sais trop quelle circonstance. Julien allait fuir le foyer domestique avec sa maîtresse quand Gabrielle, sa femme, venait à lui ; et là, elle lui faisait un tel tableau de l'infidélité courant les champs, buvant du vin bleu, et couchant dans des draps humides, qu'il renonçait à son crime par ses hautes raisons de morale, et finissait en disant :

Oh ! mère de famille ! Oh ! poète ! je t'aime !

Cette pièce, intitulée *Julien,* fut même couronnée par 'Académie.

En pénétrant dans les secrets de cette grande institution, 'ichel se sentait anéantir ; mais il lui fallait gagner ses appointements, et il fut bientôt chargé d'un travail considérable.

On lui donna à refaire *Nos intimes* de Sardou.

Le malheureux sua sang et eau ; il voyait bien la pièce entre Madame Caussade, et ses amies envieuses, égoïstes et débauchées ; certes, on pouvait à la rigueur remplacer le docteur Tholozan par une sage femme, et dans la scène du viol, Madame Maurice casserait bien les sonnettes de Madame Caussade ! mais le dénouement ! l'impossible dénouement ! Michel aurait beau se briser la tête, jamais il n'arriverait à faire tuer Madame Caussade par le fameux renard !

Il fut donc forcé d'y renoncer et d'avouer son impuissance !

Quand le Directeur connut ce résultat, il fut assez désappointé, et l'on résolut d'essayer le jeune homme dans le drame ; peut-être y apporterait-il quelque chose !

Quinze jours après son entrée au *Grand Entrepôt Dramatique,* Michel Dufrénoy passait de la Division de la comédie dans la Division du drame.

Celle-ci comprenait le grand drame historique et le drame moderne :

Le premier renfermait deux sections d'histoire entièrement distinctes ; l'une où l'histoire réelle, sérieuse, était pillée mot pour mot dans les bons auteurs ; l'autre où l'histoire se voyait outrageusement faussée et dénaturée, suivant cet axiome d'un grand dramaturge du dix-neuvième siècle :

il faut violer l'histoire pour lui faire un enfant.

Et on lui en faisait de beaux, qui ne ressemblaient point à leur mère !

Les principaux spécialistes du drame historique étaient les fonctionnaires chargés des coups de théâtre, et surtout des quatrième acte ; on leur livrait l'ouvrage à peine équarri, et ils le piochaient avec acharnement ; l'employé de la grande tirade dite *des grandes dames* occupait également une position élevée dans l'administration.

Le drame moderne comprenait le drame en habit noir ε le drame en bourgeron ; quelquefois les deux genres fusio⁻ naient, mais l'administration n'aimait pas cette mésalliance cela dérangeait les habitudes de ses employés, et, par une pente facile, ils pouvaient en arriver à mettre dans la bouche d'un gandin le langage d'une canaille. Or, c'était empiéter sur la spécialité du conservatoire de l'argot.

On comptait un certain nombre d'employés aux meurtres, aux assassinats, aux empoisonnements et aux viols ; l'un de ces derniers n'avait pas son pareil pour faire tomber le rideau au moment précis ; une seconde de retard, et l'acteur, sinon l'actrice, risquait d'être sérieusement embarrassé.

Ce fonctionnaire, brave homme d'ailleurs, âgé de cinquante ans, père de famille, honorable et honoré, gagnant une vingtaine de mille francs, refaisait cette scène du viol depuis trente ans, avec une incomparable sûreté de main.

Michel, pour son entrée dans cette Division, fut employé à la refonte complète du drame d'*Amazampo ou la Découverte du Quinquina,* ouvrage important qui fit son apparition en 1827.

Ce n'était pas un petit travail ; il s'agissait d'en faire une pièce essentiellement moderne ; or, la découverte du quinquina datait singulièrement.

Les fonctionnaires chargés de ce travail d'appropriation suèrent sang et eau, car l'ouvrage était en fort mauvais état. Ses effets étaient si usés, ses ficelles si pourries, sa charpente si rongée par un long séjour dans les magasins ! Autant eût valu faire une nouvelle pièce ; mais les ordres de l'administration étaient formels : le gouvernement voulait rappeler cette importante découverte au public, à un moment où régnaient à Paris des fièvres périodiques. Il s'agissait donc de mettre la pièce au goût du jour.

Le talent des fonctionnaires y parvint. Ce fut un tour de force, mais le pauvre Michel ne fut pour rien dans ce chef-d'œuvre ; il n'apporta pas la plus petite idée ; il ne sut point exploiter la situation ; sa nullité fut complète en pareille matière. On le jugea incapable.

Un rapport fut fait au Directeur, qui n'était pas à son avantage, et, après un mois de drame, il fallut le faire descendre dans la troisième Division.

« Je ne suis bon à rien, se dit le jeune homme ; je n'ai ni

imagination, ni esprit ! Mais aussi, quelle singulière façon de faire du théâtre !

Et, il se désespérait, maudissant cette organisation ; il oubliait que la collaboration au dix-neuvième siècle contenait en germe toute cette institution du *Grand Entrepôt Dramatique.*

C'était la collaboration élevée à la centième puissance.

Michel tomba donc du drame dans le vaudeville. Là, se trouvaient réunis les hommes les plus gais de France ; le commis aux couplets rivalisait avec le commis aux pointes ; la section des situations égrillardes et des mots polissons était tenue par un garçon bien aimable. Le Département des calembours fonctionnait merveilleusement.

D'ailleurs, il existait un bureau central de traits d'esprit, de réparties piquantes et de coqs à l'âne ; il fournissait à tous les besoins du service dans les cinq Divisions ; l'administration ne tolérait l'emploi d'un mot drôle que s'il n'avait pas servi depuis dix-huit mois au moins ; d'après ses ordres, on travaillait incessamment à l'épluchement du dictionnaire, et on relevait toutes les phrases, gallicismes et mots qui, détournés de leur sens usuel, prêtaient à l'imprévu ; au dernier inventaire de la société, elle présenta dans son rapport un actif de soixante-quinze mille calembours, dont le quart entièrement neuf, et le reste encore présentable. Les premiers se payaient plus cher.

Grâce à cette économie, à cette réserve, à cette entente, les produits de la troisième Division étaient excellents.

Quand on connut le peu de succès de Michel dans les divisions supérieures, on eut soin de lui réserver une part facile dans la confection du vaudeville ; on ne lui demanda ni d'apporter une idée, ni d'inventer un bon mot ; on lui fournissait la situation, et il n'avait qu'à la développer.

Il s'agissait d'un acte pour le théâtre du Palais-Royal ; il reposait sur une situation encore neuve au théâtre et pleine des effets les plus sûrs. Sterne l'avait déjà ébauchée au chapitre 73 du livre second de Tristram Shandy, dans l'épisode de Phutatorius.

Le titre seul de la pièce en indiquait la donnée ; elle était intitulée :

Boutonne donc ton pantalon !...

On voit tout de suite le parti à tirer de cette position piquante d'un homme qui a oublié de satisfaire à la plus impérieuse exigence de l'habillement masculin. Les terreurs de son ami qui le présente dans un salon du noble faubourg, l'embarras de la maîtresse de la maison, joignez-y le jeu habile de l'acteur qui pourrait à chaque instant faire craindre au public que... et l'amusante terreur des femmes qui... Il y avait là matière à un succès énorme* !

Eh bien, Michel, aux prises avec cette idée si originale, fut pris d'un mouvement d'horreur, et il déchira le scénario qui lui avait été confié !

« Oh ! se dit-il ! je ne resterai pas un instant de plus dans cette caverne ! plutôt mourir de faim ! »

Il avait raison ! qu'eût-il fait ? fallait-il tomber dans la Division des opéras et des opéras comiques ! mais il n'aurait jamais consenti d'écrire les vers insensés qu'exigeaient les musiciens du jour !

Devait-il s'abaisser jusqu'à la revue, jusqu'à la féerie, jusqu'à l'à propos officiel !

Mais il fallait avant tout être machiniste ou peintre, et non auteur dramatique, s'ingénier à trouver un décor nouveau, et pas autre chose ! On était allé loin dans ce genre avec la physique et la mécanique ! On transportait sur la scène des arbres véritables enracinés dans leurs caisses invisibles, des parterres complets, des forêts naturelles et l'on bâtissait des édifices en pierre de taille ! On représentait l'Océan en véritable eau de mer, vidée chaque soir devant les spectateurs et renouvelée le lendemain !

Michel se sentait-il capable d'imaginer ces choses-là ? avait-il en lui de quoi agir sur les masses, pour les obliger à verser dans la caisse des théâtres le trop plein de leurs poches !

Non ! cent fois non !

Il n'avait donc qu'une chose à faire ! S'en aller.

Ce qu'il fit.

---

* Cette pièce fut jouée quelques mois plus tard, et fit beaucoup d'argent. (Note de l'auteur.)

Chapitre XV

Misère

Pendant son séjour au *Grand Entrepôt Dramatique*, d'avril à septembre, cinq grands mois de déceptions et de hauts-le-cœur, Michel n'avait négligé ni son oncle Huguenin, ni son professeur Richelot.

Combien de soirées se passèrent chez l'un ou chez l'autre, qu'il compta parmi les meilleures ; avec le professeur, il parlait du bibliothécaire ; avec le bibliothécaire, il ne parlait pas du professeur, mais de sa petite fille Lucy, et dans quels termes, et avec quels sentiments !

« J'ai d'assez mauvais yeux, lui dit un jour son oncle, mais je crois voir que tu l'aimes !

— Oui, mon oncle, comme un fou !

— Aime-la comme un fou, mais épouse-la comme un sage, quand...

— Quand cela, demanda Michel en tremblant.

— Quand ta position sera faite ; réussis pour elle, sinon pour toi ! »

Michel ne répondait rien à ces paroles ; il éprouvait des rages sourdes.

« Mais es-tu aimé de Lucy, lui demanda l'oncle Huguenin un autre soir.

— Je ne sais pas, disait Michel ! à quoi lui serais-je bon ? il n'y a vraiment pas de raison pour qu'elle m'aime ! »

Et le soir où cette question lui fut posée, Michel parut être le plus malheureux des hommes.

Cependant, la jeune fille ne se demandait guère si ce pauvre garçon avait ou n'avait pas une position dans le monde ! Vraiment, elle ne s'en préoccupait pas ; elle s'accoutumait peu à peu à voir Michel, à l'entendre quand il était là, à l'attendre quand il ne venait pas ; les deux jeunes gens causaient de tout et de rien. Les deux vieillards laissaient faire. Pourquoi les empêcher de s'aimer ? ils ne se le disaient pas. Ils parlaient de l'avenir. Michel n'osait aborder la question brûlante du présent.

« Comme je vous aimerai un jour », disait-il !

Il y avait là une nuance que Lucy sentait bien, une question de temps qu'il ne fallait pas résoudre.

Puis le jeune homme se laissait aller à toute sa poésie ; il se savait écouté, compris, et se versait tout entier dans ce cœur de jeune fille ! Il était vraiment lui près d'elle ; cependant il ne faisait pas de vers à Lucy ; il en était incapable, l'aimant trop réellement ; il ne comprenait pas l'alliance de l'amour et de la rime, ni qu'on put soumettre ses sentiments aux exigences d'une césure.

Cependant, à son insu, sa poésie s'imprégnait de ses chères pensées, et quand il racontait quelques vers à Lucy, Lucy l'écoutait comme si elle les eût faits elle-même ; ils semblaient toujours répondre à quelque question secrète qu'elle n'osait poser à personne.

Un soir, Michel lui dit en la regardant bien :

« Le jour arrive.

— Quel jour, demanda la jeune fille.

— Le jour où je vous aimerai.

— Ah ! » fit Lucy.

Et plus tard, de temps en temps, il lui répétait :

« Le jour approche. »

Enfin, par une belle soirée du mois d'août :

« Il est venu, lui dit-il en lui prenant la main.

— Le jour où vous m'aimerez, murmura la jeune fille.

— Le jour où je vous aime », répondit Michel.

Lorsque l'oncle Huguenin et M. Richelot s'aperçurent que les jeunes gens en étaient à cette page du livre, ils leur dirent :

– « Assez lu, mes enfants, fermez le volume, et toi, Michel travaille pour deux. »

Il n'y eut pas d'autre fête d'accordaille.

Dans cette situation, on le comprend, Michel ne parla pas de ses déboires. Lui demandait-on comment cela marchait au *Grand Entrepôt Dramatique*, il répondait évasivement. Ce n'était pas l'idéal ; il y avait une habitude à prendre ; mais il s'y ferait.

Les vieillards n'en voyaient pas plus long ; Lucy devinait les souffrances de Michel, et l'encourageait de son mieux. Mais elle y mettait une certaine retenue, se sentant intéressée dans l'affaire.

Quel fut donc le profond découragement, le désespoir du jeune homme, quand il se trouva de nouveau à la merci du hasard ! il eut un moment terrible, où l'existence lui apparut sous son véritable aspect, avec ses fatigues, ses déceptions, son ironie. Il se sentit plus pauvre, plus inutile, plus déclassé que jamais.

« Qu'est-ce que je suis venu faire en ce monde, se dit-il : on ne m'a pourtant pas invité ! il faut que je m'en aille ! »

La pensée de Lucy le retint.

Il courut chez Quinsonnas ; il le trouva faisant sa malle, une petite malle qu'un sac de nuit eût regardé de haut.

Michel raconta son aventure.

« Ça ne m'étonne pas, répondit Quinsonnas ; tu n'es pas bâti pour la collaboration en grand. Que vas-tu faire ?

– Travailler seul.

– Ah ! répondit le pianiste, tu es donc un brave ?

– Nous verrons. Mais où vas-tu, Quinsonnas ?

– Je pars.

– Tu quittes Paris ?

– Oui, et même mieux. Ce n'est point en France que se font les réputations françaises ; c'est un produit étranger qu'on importe ; je vais me faire importer.

– Mais où vas-tu ?

– En Allemagne ; étonner ces buveurs de bière et ces meurs de pipes. Tu entendras parler de moi !

– Alors tu tiens ton grand moyen ?

– Oui ! mais parlons de toi ; tu vas lutter, c'est bien : as-tu de l'argent ?

– Quelques centaines de francs.

– C'est peu ; tiens ; je te laisse toujours mon logement ; il est payé pour trois mois.

– Mais...

– J'y perdrais si tu ne le prenais pas. Maintenant, j'ai un millier de francs d'économie ; partageons.

– Jamais, répondit Michel.

– Que tu es bête, mon fils, je devrais te donner tout, et je partage ! C'est encore cinq cents francs que je te dois.

– Quinsonnas, fit Michel les larmes aux yeux.

– Tu pleures ! eh bien ! tu as raison ! c'est la mise en scène obligée d'un départ ! Sois tranquille ! je reviendrai ! Allons ! embrassons-nous ! »

Michel se jeta dans les bras de Quinsonnas, qui s'était bien juré de ne pas être ému, et qui s'enfuit pour ne pas trahir son serment.

Michel demeura seul. Tout d'abord, il résolut de n'apprendre à personne son changement de situation, ni à son oncle, ni au grand-père de Lucy. Inutile de leur donner ce surcroît de tracas.

« Je travaillerai, j'écrirai, se répétait-il pour s'endurcir ; d'autres ont lutté, auxquels un siècle ingrat refusait de croire. Nous verrons ! »

Le lendemain, il fit apporter son mince bagage dans la chambre de son ami, et il se mit à l'ouvrage.

Il voulait publier un livre de poésies bien inutiles, mais bien belles, et il travailla sans relâche, jeûnant presque, pensant et rêvant, et ne dormant que pour rêver encore.

Il n'entendait plus parler de la famille Boutardin ; il évitait de passer par les rues qui lui appartenaient, il se figurait qu'elle voulait le reprendre ! Son tuteur ne pensait guère à lui ; il se trouvait débarrassé d'un imbécile, et s'en félicitait.

Son seul bonheur en quittant sa chambre était de rendre visite à M. Richelot. Il ne sortait pas pour d'autre cause ; il venait se retremper dans la contemplation de la jeune fille et puiser à cette inépuisable source de poésie ! Comme il aimait ! et, faut-il l'avouer, comme il était aimé ! Cet amo emplissait son existence; il ne comprenait pas qu'il fallût autre chose pour vivre.

Et cependant ses ressources allaient s'en aller peu à peu, mais il n'y songeait pas.

Une visite faite au milieu d'octobre au vieux professeur l'affligea beaucoup; il trouva Lucy triste, et voulut connaître la cause de sa tristesse.

La rentrée des classes avait eu lieu à la *Société de Crédit instructionnel*; la classe de rhétorique n'avait pas été supprimée, il est vrai; mais peu s'en était fallu; M. Richelot n'avait qu'un élève, un seul! s'il venait à manquer, que deviendrait le vieux professeur sans fortune! Or, cela pouvait arriver d'un jour à l'autre, et l'on remercierait le professeur de rhétorique.

« Je ne parle pas pour moi, dit Lucy, mais je m'inquiète de mon pauvre grand-père!

– Ne serais-je pas là ? » répondit Michel.

Mais il prononça ses mots avec si peu de conviction que Lucy n'osa le regarder.

Michel sentait le rouge de l'impuissance lui monter au visage.

Quand il fut seul:

« J'ai promis d'être là, se dit-il; pourrai-je seulement tenir ma promesse! Allons! au travail!»

Et il regagna sa chambre.

Bien des jours se passèrent; bien de belles idées vinrent éclore dans le cerveau du jeune homme et revêtirent sous sa plume une forme charmante. Enfin son livre fut terminé, si toutefois un pareil livre est jamais terminé. Il intitula son recueil de poésie *Les Espérances,* et il fallait être fièrement trempé pour espérer encore.

Alors Michel fit la grande course aux éditeurs; il est inutile de rapporter la scène prévue qui suivit chacune de ces tentatives insensées; pas un libraire ne voulut même lire son livre; il en fut pour son papier, son encre et ses *Espérances.*

Il revint désespéré. Ses économies touchaient à leur fin; il pensa à son professeur; il chercha un travail manuel; les machines remplaçaient partout l'homme avantageusement;

plus de ressources ; à une autre époque, il eût vendu sa peau à quelque fils de famille tombé à la conscription ; ce genre de trafic n'existait plus.

Le mois de décembre arriva, le mois de toutes les échéances, froid, triste, sombre, le mois qui finit l'année sans finir les douleurs, ce mois qui est presque de trop dans toutes les existences. Le mot le plus effrayant de la langue française, le mot misère s'inscrivit au front de Michel. Ses habits jaunirent et tombèrent peu à peu comme le feuillage des arbres au commencement de l'hiver, et il n'y avait pas de printemps à les faire pousser plus tard.

Il devint honteux de lui-même ; ses visites au professeur furent plus rares, à son oncle aussi ; il sentait la misère ; il prétexta des travaux importants, des absences même ; il eût fait pitié si la pitié n'eût pas été bannie de la terre dans ce temps d'égoïsme.

L'hiver de 1961 à 1962 fut particulièrement rude ; il dépassa les hivers de 1789, de 1813, et de 1829, par sa rigueur et sa durée.

À Paris, le froid commença le 15 novembre, et la gelée continua sans interruption jusqu'au 28 février ; la neige atteignit une hauteur de soixante-quinze centimètres, et la glace, dans les étangs et sur plusieurs rivières, une épaisseur de soixante-dix centimètres ; le thermomètre pendant quinze jours tomba à vingt-trois degrés au-dessous de zéro. La Seine fut prise pendant quarante-deux jours, et la navigation entièrement interrompue.

Ce froid terrible fut général en France et dans une grande partie de l'Europe ; le Rhône, la Garonne, la Loire, le Rhin furent frappés à la glace, la Tamise gelée jusqu'à Gravesend, à six lieues au-dessous de Londres ; le port d'Ostende offrit une surface solide que les charrettes purent traverser, et des voitures passèrent le Grand Belt sur les glaces.

L'hiver étendit ses rigueurs jusqu'en Italie où la neige fut très abondante, jusqu'à Lisbonne où la gelée dura quatre semaines, jusqu'à Constantinople qui fut complètement bloquée.

La prolongation de cette température amena de funestes désastres ; un grand nombre de personnes périrent p froid; on fut obligé de suspendre les factions; la nuit, on tombait frappé dans les rues. Les voitures ne pouvaient plus circuler, les trains de chemin de fer furent interrompus; non seulement la neige mettait obstacle à leur marche, mais il était impossible aux conducteurs de trains de demeurer sur leurs locomotives sans être frappés de mort.

L'agriculture fut particulièrement atteinte par cette immense calamité; les vignes, les châtaigniers, les figuiers, les mûriers, les oliviers de la Provence périrent en grand nombre; le tronc des arbres se fendait instantanément et tout du long; il n'y eut pas jusqu'aux ajoncs, jusqu'aux bruyères qui ne succombèrent sous les neiges.

Les récoltes de blé et de foin furent entièrement compromises pour l'année.

On peut juger des épouvantables souffrances de la population pauvre, en dépit des moyens pris par l'État pour la soulager; toutes les ressources de la science étaient impuissantes devant une pareille invasion; elle avait dompté la foudre, supprimé les distances, soumis le temps et l'espace à sa volonté, mis les forces les plus secrètes de la nature à la portée de tous, endigué les inondations, dominé l'atmosphère, mais elle ne pouvait rien contre ce terrible, contre cet invincible ennemi, le froid.

La charité publique fit un peu plus, mais peu encore, et la misère atteignit ses dernières limites.

Michel souffrit cruellement; il n'avait pas de feu, et le combustible était hors de prix. Il ne se chauffa pas.

Il en arriva bientôt à réduire sa nourriture au plus strict nécessaire, et il descendit aux plus misérables produits d'alimentation.

Pendant quelques semaines, il vécut d'une sorte de préparation qui se faisait alors sous le nom de fromage de pommes de terre, pâte homogène cuite et pilée; mais cela coûtait encore huit sols la livre.

Le pauvre diable en arriva donc au pain de gland de chêne, fait avec la fécule de cette substance, séchée à l'air; on appelait le pain des disettes.

Mais la rigueur du temps fit monter la livre à quatre sols. fut encore trop cher.

Au mois de janvier, au plus fort de l'hiver, Michel fut réduit à se nourrir de pain de houille.

La science avait singulièrement et minutieusement analysé le charbon de terre, qui paraît être la véritable pierre philosophale ; il renferme le diamant, la lumière, la chaleur, l'huile et mille autres éléments, car leurs combinaisons diverses ont donné sept cents substances organiques. Mais il contient aussi en grande quantité l'hydrogène et le carbone, ces deux éléments nutritifs du blé, sans parler des essences qui donnent le goût et le parfum aux fruits les plus savoureux.

Avec cet hydrogène et ce carbone, un certain docteur Frankland fit du pain, et ce pain, on le donnait à deux centimes la livre.

On l'avouera, il fallait être bien dégoûté pour mourir de faim ; la science ne le permettait pas.

Michel ne mourut donc pas ! mais comment vécut-il ?

Mais, si peu que ce soit, le pain de houille coûte toujours quelque chose, et quand on ne peut littéralement pas travailler, deux centimes ne se trouvent qu'un nombre limité de fois dans un franc.

Michel arriva bientôt à sa dernière pièce. Il la considéra quelque temps, et se mit à rire d'un rire sinistre. Sa tête était comme cerclée de fer sous l'influence du froid, et son cerveau commençait à se prendre.

« À deux centimes la livre, se dit-il, et à une livre par jour, j'ai encore près de deux mois de pain de houille devant moi. Mais comme je n'ai jamais rien offert à ma petite Lucy, je vais lui acheter mon premier bouquet de fleurs avec ma dernière pièce de vingt sols. »

Et, comme un fou, le malheureux descendit dans la rue.

Le thermomètre marquait vingt degrés au-dessous de zéro.

Chapitre XVI

Le démon de l'électricité

Michel marchait par les rues silencieuses ; la neige amortissait le pas des passants rares ; les voitures ne circulaient plus ; il était nuit.

« Quelle heure est-il, se dit le jeune homme.

— Six heures, lui répondit l'horloge de l'hôpital Saint-Louis.

— Une horloge qui ne sert qu'à mesurer des souffrances », pensa-t-il.

Il continua sa route avec son idée fixe : il songeait à Lucy ; mais parfois la jeune fille échappait à sa pensée, malgré lui ; son imagination ne parvenait pas à la retenir ; il avait faim, sans trop s'en douter. L'habitude.

Le ciel resplendissait avec une incomparable pureté par ce froid intense ; l'œil se perdait dans les constellations splendides ; Michel, sans s'en rendre compte, contemplait les trois Rois qui se levaient dans l'horizon de l'est au milieu de la magnifique Orion.

Il y a loin de la rue Grange-aux-Belles à la rue des Fourneaux ; c'est presque l'ancien Paris à traverser. Michel prit par le plus court, gagna la rue du Faubourg-du-Temple puis se rendit en droite ligne du Château d'Eau aux Halles Centrales par la rue de Turbigo.

De là, en quelques minutes, il atteignit le Palais Royal, et entra sous les galeries par la magnifique entrée qui ouvrait au bout de la rue Vivienne.

Le jardin était sombre et désert ; un immense tapis blanc le couvrait tout entier, sans une tache, sans une ombre.

« Ce serait dommage de marcher là-dessus », se dit Michel.

Il ne songea pas un instant que ce serait surtout glacial.

À l'extrémité de la galerie de Valois, il aperçut un magasin de fleurs brillamment éclairé ; il entra rapidement, et se trouva dans un véritable jardin d'hiver. Plantes rares, arbustes verts, bouquets fraîchement éclos, rien n'y manquait.

L'extérieur du pauvre diable n'était pas engageant ; le Directeur de l'Établissement ne comprenait rien à la présence de ce garçon mal vêtu dans son parterre. Cela jurait. Michel comprit la situation.

« Que voulez-vous ? lui dit une voix brusque !

– Ce que vous pourrez me donner de fleurs pour vingt sols.

– Pour vingt sols ! s'écria le marchand avec un suprême dédain ! et au mois de décembre !

– Une fleur seulement, répondit Michel.

– Allons ! Faisons-lui l'aumône », se dit le marchand.

Et il donna au jeune homme un bouquet de violettes à demi fanées. Mais il prit les vingt sols.

Michel sortit. Il éprouva un singulier mouvement de satisfaction ironique, après avoir dépensé son dernier argent.

« Me voilà donc sans un sol, s'écria-t-il en riant des lèvres, tandis que ses yeux demeuraient hagards. Bon ! C'est ma petite Lucy qui va être contente ! Le joli bouquet ! »

Et il portait à sa figure ces quelques fleurs fanées ; il respirait avec ivresse leur parfum absent.

« Elle sera bien heureuse d'avoir des violettes par ce grand hiver ! Allons ! »

Il gagna le quai, prit par le pont Royal, s'enfonça dans le quartier des Invalides et de l'École militaire (il ava conservé ce nom) et deux heures après avoir quitté chambre de la rue Grange-aux-Belles, il arrivait à la rue Fourneaux.

Son cœur battait fort ; il ne sentait ni le froid ni la fa

« Je suis sûr qu'elle m'attend ! il y a si longtemps que je ne l'ai vue ! »

Puis il lui vint une réflexion à l'esprit.

« Je ne veux pourtant pas arriver pendant leur dîner, pensa-t-il ! ce ne serait pas convenable ! ils n'auraient qu'à m'inviter ! quelle heure est-il ?

— Huit heures, répondit l'église Saint-Nicolas, dont la flèche nettement découpée se dessinait dans l'air.

— Oh ! reprit le jeune homme, c'est une heure à laquelle tout le monde a dîné ! »

Il se dirigea vers le numéro 49 de la rue ; il frappa doucement à la porte de la maison ; il voulait faire une surprise.

La porte s'ouvrit. Au moment où il s'élançait dans l'escalier, le portier l'arrêta.

« Où allez-vous, lui dit-il, en le toisant des pieds à la tête ?

— Chez Monsieur Richelot.

— Il n'y est pas.

— Comment ! il n'y est pas !

— Il n'y est plus. Si vous l'aimez mieux.

— Monsieur Richelot ne demeure plus ici ?

— Non ! parti !

— Parti ?

— Mis à la porte !

— À la porte, s'écria Michel.

— C'était encore un de ces particuliers qui n'ont jamais le sol à l'époque du terme. On l'a saisi.

— Saisi, dit Michel en tremblant de tous ses membres.

— Saisi et renvoyé.

— Où ? dit le jeune homme.

— J'en ignore, répliqua l'employé du gouvernement, qui dans ce quartier n'était encore que de neuvième classe. »

Michel, sans savoir comment, se retrouva dans la rue ; ses cheveux se hérissaient ; il sentait sa tête vaciller ; il faisait peur.

« Saisi, répétait-il en courant, chassé ! Il a donc froid, il a donc faim. »

Et le malheureux, en songeant que tout ce qu'il aimait souffrait peut-être, ressentait alors ces douleurs de la faim et du froid qu'il avait oubliées !

«Où sont-ils ! de quoi vivent-ils ! le grand-père n'avait rien, on l'aura renvoyé du collège ! son élève l'aura quitté, le lâche ! le misérable ! Si je le connaissais !

– Où sont-ils, répétait-il à chaque instant ! Où sont-ils, demandait-il à quelque passant hâté, qui le prenait pour un fou.

– Elle a peut-être cru que je l'abandonnais dans sa misère. »

À cette pensée, il sentit ses genoux fléchir ; il fut prêt de tomber sur la neige durcie ; il se maintint par un effort désespéré ; il ne pouvait marcher : il courut ; l'excès de la douleur produit de ces anomalies-là.

Il courut sans but, sans idée ; il reconnut bientôt les bâtiments du *Crédit instructionnel* ! Il s'enfuit avec horreur.

«Oh ! s'écriait-il ! les sciences ! l'industrie. »

Il revint sur ses pas. Pendant une heure, il s'égara au milieu des hospices entassés dans ce coin de Paris, les Enfants Malades, les Jeunes Aveugles, l'hôpital Marie-Thérèse, les Enfants Trouvés, la Maternité, l'hôpital du Midi, de la Rochefoucauld, Cochin, Lourcine ; il ne pouvait sortir de ce quartier de la souffrance.

«Je ne veux pourtant pas entrer là, se disait-il, comme si une force l'eût poussé en avant ! »

Alors, il rencontra les murs du cimetière Montparnasse.

«Plutôt ici », pensa-t-il.

Il rôda comme un homme ivre autour de ce champ des morts.

Enfin, il gagna, sans le savoir le boulevard de Sébastopol de la rive gauche, passa devant la Sorbonne où M. Flourens faisait encore son cours avec le plus grand succès, toujours ardent, toujours jeune.

Le pauvre fou se trouvait enfin sur le pont Saint-Michel ; l'affreuse fontaine, complètement cachée sous la croûte de glace, complètement invisible, se produisait ainsi sous son aspect le plus favorable.

Michel, se traînant, suivit le quai des Augustins jusqu'au pont Neuf, et là, l'œil hagard, il se prit à considérer la Seine

«Mauvais temps pour le désespoir, s'écria-t-il ! On n peut seulement pas se noyer. »

En effet, le fleuve était entièrement pris ; les voitures pouvaient le traverser sans danger ; de nombreuses boutiques s'y installaient pendant le jour, et çà et là, on y allumait de grands feux de joie.

Les magnifiques travaux du barrage de la Seine disparaissaient sous les neiges amoncelées ; c'était la réalisation de la grande idée d'Arago au dix-neuvième siècle ; la rivière barrée, il y avait là à la disposition de la Ville de Paris, en temps d'étiage, une force de quatre mille chevaux ne coûtant rien, et travaillant toujours.

Les turbines élevaient dix mille pouces d'eau à la hauteur de cinquante mètres ; or, un pouce d'eau, c'est vingt mètres cubes par vingt-quatre heures. Aussi les habitants payaient-il l'eau cent soixante-dix fois moins cher qu'autrefois ; il avaient mille litres pour trois centimes, et chacun pouvait disposer de cinquante litres par jour.

De plus, l'eau étant toujours en charge dans les tuyaux, l'arrosement des rues se faisait au moyen de lances, et chaque maison, en cas d'incendie, se trouvait suffisamment pourvue d'eau à une très forte pression.

Michel, en escaladant le barrage, entendit le bruit sourd des turbines de Fourneyron et Koechlin qui fonctionnaient toujours sous la croûte glacée. Mais là, indécis, car il avait évidemment une idée qui lui échappait, il retourna sur ses pas ; il se trouva en face de l'Institut.

Il lui revint alors à l'esprit que l'Académie française ne comptait plus un seul homme de lettres ; qu'à l'exemple de Laprade qui traita Sainte-Beuve de punaise vers le milieu du dix-neuvième siècle, plus tard deux autres académiciens se donnèrent le nom de ce petit homme de génie dont parle Sterne dans Tristram Shandy, vol. I, chap. 21, p. 156, édition de 1818, de Ledoux et Teuré ; les hommes de lettres devenant décidément trop mal élevés, on finit par ne plus prendre que des Grands Seigneurs.

La vue de cet affreux dôme à bandes jaunâtres fit mal au pauvre Michel, et il remonta la Seine ; au-dessus de sa tête le ciel était zébré de fils électriques qui passaient d'une rive à l'autre, et tendaient comme une immense toile d'araignée jusqu'à la Préfecture de Police.

Il s'enfuit, seul sur le fleuve glacé ; la lune projetait devant ses pas son ombre intense, qui répétait ses mouvements en gestes démesurés.

Il longea le quai de l'Horloge, le Palais de Justice ; il franchit le pont au Change, dont les arches s'emplissaient d'énormes glaçons ; il dépassa le Tribunal de Commerce, le pont Notre-Dame, le pont de la Réforme qui commençait à plier sous sa longue portée, et reprit le quai.

Il se trouvait à l'entrée de la morgue, ouverte jour et nuit aux vivants comme aux morts ; il y entra machinalement comme s'il eût cherché là des êtres qui lui fussent chers ; il considéra les cadavres rigides, verdâtres, boursouflés, étendus sur les tables de marbre ; il vit dans un coin l'appareil électrique destiné à rappeler à la vie les noyés auxquels restaient quelque sentiment d'existence.

« Encore l'électricité », s'écria-t-il.

Et il s'enfuit.

Notre-Dame était là ; ses vitraux resplendissaient de lumière ; des chants solennels se faisaient entendre. Michel entra dans la vieille cathédrale. Le salut finissait. En quittant l'ombre de la rue, Michel fut ébloui !

L'autel étincelait des feux électriques et des rayons de même nature s'échappaient de l'ostensoir soulevé par la main du prêtre !

« Toujours l'électricité, répéta le malheureux, même ici ! »

Et il s'enfuit. Mais pas si vite qu'il n'entendît l'orgue rugir sous l'air comprimé fourni par la *Société des Catacombes* !

Michel devenait fou ; il croyait avoir le démon de l'électricité à sa poursuite ; il reprit le quai de Grèves, il s'enfonça dans un dédale de rues désertes, tomba sur la place Royale d'où la statue de Victor Hugo avait chassé celle de Louis XV, trouva devant lui le nouveau boulevard Napoléon IV qui s'étendait jusqu'à la place du milieu de laquelle Louis XIV s'élance en galopant vers la Banque de France ; et, faisant un coude, il reprit par la rue Notre-Dame des Victoires.

Sur la façade de la rue qui fait le coin de la place de Bourse, il entrevit la table de marbre où s'étalaient ces m en lettres d'or :

Souvenir historique.
Au quatrième étage de cette maison
Victorien Sardou
demeura
de 1859 à 1862.

Michel se trouvait enfin devant la Bourse, la cathédrale du jour, le temple des temples ; le cadran électrique marquait minuit moins le quart.

« La nuit ne marche pas », se dit-il.

Il remonta jusqu'aux boulevards. Les candélabres s'y renvoyaient leurs faisceaux d'une blancheur intense, et des affiches transparentes sur lesquelles l'électricité écrivait des réclames en lettres de feu, scintillaient sur les colonnes rostrales.

Michel ferma les yeux ; il se glissa dans une foule assez considérable que vomissaient les théâtres ; il arriva sur la place de l'Opéra, et vit toute cette cohue élégante et dorée des riches qui bravait le froid dans ses cachemires et ses fourrures ; il tourna la longue queue des voitures à gaz, et s'échappa par la rue Lafayette.

Devant lui, il avait une lieue et demie de ligne droite.

« Fuyons tout ce monde », se dit-il.

Et il s'élança, se traînant, tombant parfois, et se relevant meurtri, mais insensible ; il était soutenu par une force en dehors de lui.

À mesure qu'il avançait, le silence et l'abandon renaissaient autour de lui. Cependant, il voyait encore au loin comme une immense lumière ; il entendait un bruit formidable qui ne pouvait se comparer à rien.

Néanmoins, il continua ; enfin, il arriva au milieu d'un assourdissement épouvantable, à une immense salle dans laquelle dix mille personnes pouvaient tenir à l'aise, et sur le fronton, on lisait ces mots en lettres de flammes :

Concert électrique.

Oui ! concert électrique ! et quels instruments ! D'après procédé hongrois, deux cents pianos mis en communication les uns avec les autres, au moyen d'un courant électrique, jouaient ensemble sous la main d'un seul artiste ! un piano de la force de deux cents pianos.

« Fuyons ! fuyons ! s'écria le malheureux, poursuivi par ce démon tenace ! hors de Paris ! hors de Paris, je trouverai peut-être le repos ! »

Et il se traînait sur les genoux ! Après deux heures de lutte contre sa propre faiblesse, il arrivait au bassin de la Villette, là, se perdait, et croyant gagner la porte d'Aubervilliers, il enfilait l'interminable rue Saint-Maur ; une heure après, il tournait la prison des jeunes détenus, à l'angle de la rue de la Roquette.

Là, un spectacle sinistre ! là, on dressait l'échafaud ! une exécution se préparait au lever du jour.

La plate-forme s'élevait déjà sous la main des ouvriers qui chantaient.

Michel voulut s'échapper à cette vue ; mais il se heurta contre une caisse ouverte. En se relevant, il y vit une batterie électrique.

La pensée lui revint ! il comprit. On ne coupait plus la tête. On foudroyait avec une décharge. Cela singeait mieux la vengeance céleste.

Michel poussa un dernier cri, et disparut.

Quatre heures sonnaient à l'église Sainte-Marguerite.

Chapitre XVII

Et in pulverem reverteris

Que devint le malheureux pendant le reste de cette nuit terrible ? Où le hasard dirigea-t-il ses pas ? S'égara-t-il sans pouvoir quitter cette capitale funeste, ce Paris maudit ? Questions insolubles !

Il faut croire qu'il tourna sans cesse au milieu de ces rues innombrables qui entourent le cimetière du Père-Lachaise, car le vieux champ des Morts se trouvait en pleine population. La ville s'étendait dans l'Est jusqu'aux forts d'Aubervilliers et de Romainville.

Quoi qu'il en soit, lorsque le soleil d'hiver se leva sur toute cette cité blanche, Michel se trouva dans le cimetière.

Il n'avait plus la force de penser à Lucy ; ses idées se glaçaient ; il était comme un spectre errant parmi les tombes, et non comme un étranger, car il se sentait chez lui.

Il remonta la grande avenue, et prit à droite par ces allées humides du bas cimetière ; les arbres chargés de neige pleuraient sur les tombeaux éclatants ; les pierres verticales que la neige respectait, offraient seules aux regards le nom des morts.

Bientôt apparut le monument funéraire d'Héloïse et d'Abailard, en ruine ; trois colonnes, supportant une architrave rongée, se tenaient encore debout comme la Grestasis du Forum romain.

Michel regardait sans voir ; comme un peu plus loin, il it les noms de Cherubini, d'Habeneck, de Chopin, de

Massé, de Gounod, de Reyer, dans ce coin réservé à ceux qui vécurent de la musique, qui en moururent peut-être ! il passa.

Il passa devant ce nom incrusté dans la pierre, sans date, sans regrets gravés au ciseau, sans emblèmes, sans faste, nom respecté du temps, La Rochefoucauld.

Puis il entra dans un village de tombes proprettes comme des maisons hollandaises, avec leur grille polie sur le devant, et leurs marches frottées à la pierre ponce. Cela lui donnait envie d'y entrer.

« Et d'y rester, surtout, pensait-il, et de s'y reposer pour jamais. »

Ces tombes qui rappelaient tous les styles d'architecture au souvenir, ces tombes grecques, romaines, étrusques, byzantines, lombardes, gothiques, renaissance, vingtième siècle, se ralliaient dans une pensée d'égalité ; l'unité était dans ces morts, tous redevenus poussière, sous le marbre, le granit ou la croix de bois noir.

Le jeune homme passait toujours ; il remontait peu à peu la funèbre colline, et, brisé de fatigue, s'appuyait au mausolée de Béranger et de Manuel ; ce cône de pierre, sans ornement ni sculpture, était encore là debout comme la pyramide de Gizeh, et recouvrait les deux amis unis dans la mort.

À vingt pas, le général Foy veillait sur eux, et, drapé dans sa toge de marbre, semblait les défendre encore !

Soudain l'idée vint au malheureux de chercher parmi ces noms ; pas un cependant ne parlait à son esprit de ceux que le temps avait respectés ; beaucoup étaient illisibles, et des plus fastueux, au milieu des emblèmes disparus, des mains unies disjointes, des écussons rongés, sur ces tombes mortes à leur tour !

Cependant, il allait, se perdait, revenait, s'appuyait aux grilles de fer, entrevoyait Pradier dont *la Mélancolie* de marbre tombait en poussière, Desaugier, mutilé dans son médaillon de bronze, et le souvenir tumulaire de ses élèves à Gaspard Monge, et la pleureuse voilée d'Étex s'accrochant encore au tombeau de Raspail.

En montant toujours, il longea un monument super d'un style pur, d'un marbre fier, enlacé de jeunes filles vêtues qui couraient et bondissaient autour de sa frise, et il lut :

À Clairville
ses concitoyens reconnaissants.

Il passa. Non loin, se voyait le tombeau inachevé d'Alexandre Dumas, de celui qui quêta toute sa vie pour le tombeau des autres !

Là, il se retrouva dans le quartier des riches, qui se donnaient encore le luxe d'opulentes apothéoses ; là, les noms de femmes honnêtes se mélangeaient insoucieusement aux noms des courtisanes célèbres, de celles qui surent s'économiser un mausolée pour leurs vieux jours ; il y avait de ces monuments-là qu'on eût pris pour de mauvaises maisons. Plus loin, on rencontrait des tombes d'actrices sur lesquelles les poètes du temps vinrent jeter vaniteusement leurs vers éplorés.

Enfin, Michel se traîna vers l'autre extrémité du cimetière, là où un Dennery magnifique dormait de l'éternel sommeil dans un sépulcre théâtral, près de la simple croix noire de Barrière, là où les poètes se donnèrent rendez-vous comme au coin de Westminster, là où Balzac sortant de son linceul de pierre, attendait encore sa statue, où Delavigne, où Souvestre, où Bérat, où Plouvier, Banville, Gautier, Saint-Victor, et cent autres n'étaient plus, même de nom.

Plus bas, Alfred de Musset, mutilé sur sa stèle funéraire, voyait mourir à ses côtés le saule qu'il avait demandé dans ses vers les plus doux et les mieux soupirés.

En ce moment, la pensée revint au malheureux ; son bouquet de violettes s'échappa de sa poitrine ; il le ramassa, et le déposa en pleurant sur la tombe du poète abandonné.

Puis il remonta plus haut, plus haut encore, se souvenant et souffrant, et par une éclaircie de cyprès et de saules, il aperçut Paris.

Au fond, le Mont Valérien se dressait, à droite Montmartre, attendant toujours le Parthénon que les Athéniens eussent placé sur cette acropole, à gauche, le Panthéon, Notre-Dame, la Sainte-Chapelle, les Invalides, et, plus loin phare du port de Grenelle, jetant sa pointe aiguë à cinq ts pieds dans les airs.

Au-dessous Paris, et ses cent mille maisons entassées, entre lesquelles surgissaient les cheminées empanachées de dix mille usines.

Plus au-dessous, le bas cimetière ; de là, certains groupes de tombes apparaissaient comme de petites villes, avec leurs rues, leurs places, leurs maisons, et leurs enseignes, leurs églises, leurs cathédrales, faites d'un tombeau plus vaniteux.

Enfin, au-dessus, les ballons armés de paratonnerres, qui ôtaient à la foudre tout prétexte de tomber sur les maisons non gardées, et arrachaient Paris tout entier à ses désastreuses colères.

Michel eût voulu couper les cordes qui les retenaient captifs, et que la ville s'abîmât sous un déluge de feu !

« Oh ! Paris ! s'écria-t-il avec un geste de colère désespéré !

– Oh ! Lucy, murmura-t-il, en tombant évanoui sur la neige. »

JULES VERNE EN SON TEMPS

Notes de l'éditeur

Ces notes ne visent qu'à faciliter la lecture de *Paris au xxe siècle* en éclaircissant chapitre par chapitre le contexte littéraire, social et scientifique dans lequel il a été écrit. Dans un souci d'allègement, nous nous sommes abstenus sauf exception nécessaire de mentionner les dates de naissance et de décès des personnages cités.

Chapitre I

Paul-Louis COURIER : texte extrait des « Lettres au rédacteur du Censeur » (1819-1820). Lettre IX. Plamphlétaire brillant et érudit, COURIER est une des figures notoires de l'opposition intellectuelle à la réaction légitimiste et cléricale après 1815.

Le « Crédit instructionnel » caricature les établissements de crédit industriel qui, sur le modèle du « Crédit Mobilier » des frères Isaac et Émile Pereire, fondé en 1852, ont contribué de façon décisive à l'essor économique de la France sous le Second Empire, au prix d'une gestion parfois aventureuse. Les gigantesques travaux dirigés par Haussmann, qui apparaît ici sous la dénomination transparente du « ministre des Embellissements de Paris », reposaient sur une étroite et fructueuse association entre ces établissements de crédit de l'État, dont Jules Verne envisage avec verve l'extension à la culture et à l'éducation.

Maître MOCQUART : ce nom évoque peut-être celui de MOC-QUARD, un des principaux familiers de Louis Napoléon Bonaparte, avocat et journaliste devenu chef de cabinet du Prince Président, l'un de ses complices dans la préparation du coup d'État du 2 décembre 1851. Il conserva cette fonction sous l'empire, jusqu'à son décès en 1864.

FRAPPELOUP : à rapprocher de Justin-Prosper de CHASSELOUP-LAUBAT, membre du Conseil d'État et ministre de la Marine sous le Second Empire.

Alphonse KARR : littérateur français, ami de Hetzel, connu pour sa verve satirique.

Chapitre II

Jules Verne montre dès ce chapitre sa capacité à extrapoler les techniques de son époque. Sa description d'un railway métropolitain automatisé, silencieux et propulsé par un système électro-pneumatique n'a rien d'absurde ni d'utopique si on le compare à des réalisations récentes comme le VAL, ni même l'attention qu'il porte aux possibilités du tout récent moteur Lenoir.

Adolphe JOANNE : géographe français, fondateur des Guides JOANNE, ancêtres des Guides Bleus, à partir d'une description systématique des trajets en chemin de fer.

Jean-Baptiste JOBARD : ingénieur belge d'origine française, père de nombreuses innovations.

Étienne LENOIR : inventeur d'un moteur à gaz qui est l'ancêtre de tous les moteurs d'automobile actuels.

Chapitre III

Thomas Russell CRAMPTON : ingénieur anglais, inventeur d'une des premières locomotives à grande vitesse restée légendaire.

Chapitre IV

Paul de KOCK : auteur prolifique de romans anecdotiques et humoristiques très appréciés d'un public populaire, mais constamment tournés en dérision par les milieux cultivés à l'époque romantique.

Aimable Jean Jacques PÉLISSIER : Maréchal de France, se distingua notamment pendant la guerre de Crimée avec la prise de Sébastopol le 9 septembre 1855, après un siège de 11 mois, et la conquête le 8 septembre de la forteresse de Malakoff qui défendait la ville.

Chapitre V

Claude PERRAULT : savant architecte français, frère du fabuliste Charles Perrault.

Charles, comte de STANHOPE : savant et écrivain anglais.

THOMAS, DE COLMAR : inventeur en 1819 d'une machine à calculer baptisée « Arithmomètre ».

MAUREL et JAYET : inventeurs d'une machine à calculer à quatre cadrans, présentée en 1849 à l'Académie des Sciences.

Henri MONDEUX : calculateur prodige, simple berger tourangeau à l'origine, retombé dans l'oubli après une célébrité éphémère.

Charles WHEATSTONE : inventeur anglais, constructeur d'un des premiers appareils télégraphiques électriques, inventeur également du rhéostat.

Giovanni CASELLI : savant italien, inventeur en 1859 du « Pantélégraphe » permettant la reproduction télégraphique de l'écriture et du dessin.

Le 5 février 1865 fut inaugurée au bureau central des télégraphes, rue de Grenelle, une salle réservée à quatre Pantélégraphes Caselli reliant Paris au Havre et à Lyon. Ce procédé remarquable repose sur la lecture en lignes parallèles du document original, écrit sur une feuille métallique au moyen d'une encre non conductrice de l'électricité, par un stylet qui, à chaque rencontre avec cette encre, transmet une impulsion à un stylet de réception qui balaie lui-même simultanément une feuille de papier sensible et la marque d'un tracé correspondant. Malgré un vif succès de curiosité initial, ce procédé retomba dans l'oubli jusqu'à l'apparition du bélinogramme permettant la lecture du document par une cellule photoélectrique.

WATT et BURGESS : issu des recherches du célèbre ingénieur écossais et mis au point par le papetier Burgess en 1851, ce procédé de traitement du bois à la soude est toujours employé et permet en effet de passer en quelques heures du tronc d'arbre à la bobine de papier.

Chapitre VI

QUINSONNAS : ce nom peut être rapproché de celui du village de Quinson, près de Digne, sur le Verdon. À noter l'existence d'un Chevalier François de Quinsonnas (1719-1768), officier et poète, auteur d'épigrammes contre Voltaire, parmi lesquelles *La capilotade, poème ou tout ce qu'on voudra*, paru en 1745, qui est une parodie de « La bataille de Fontenoy » de Voltaire. On peut enfin remarquer qu'un tel nom, « sonnant à la quinte », est très adéquat pour un musicien...

CALINO : c'est le personnage principal d'un vaudeville à succès de BARRIÈRE (auteur cité plus bas par J. Verne), en 1856, qui avait un rôle de naïf et de niais devenu proverbial.

Chapitre VII

JEANSELME : famille d'ébénistes célèbres au XIXᵉ siècle. L'association imaginée par J. Verne avec le célèbre facteur de pianos ÉRARD reflète bien la « pianomanie » du XIXᵉ siècle. L'étrange instrument décrit par Jules Verne ressemble beaucoup à celui que fera breveter en 1866 un dénommé Millward, qui parvient à y intégrer un lit, un placard, un bureau à tiroirs, une toilette avec broc et cuvette, une boîte à ouvrage, un miroir, une écritoire et une petite commode...

Chapitre VIII

Claude GOUDIMEL : compositeur français, protestant, tué à Lyon lors de la Saint-Barthélemy.

Les Huguenots : célèbre opéra de Meyerbeer, composé en 1836.

THILORIER : physicien célèbre par ses expériences publiques sur la liquéfaction du gaz carbonique, au moyen d'un appareil inventé en 1835. Le 29 décembre 1840, l'explosion de cet appareil coûte la vie à Hervy, son préparateur à l'École de Pharmacie de Paris. On remarquera, à propos de la « Thilorienne », que Charles-Valentin Alkan, figure excentrique du romantisme musical français, compose en 1844 une étude op. 27 dite « Le chemin de fer » qui évoque de façon précise le démarrage, l'accélération du train, et l'arrivée du convoi en gare.

Sigismond THALBERG : célèbre pianiste virtuose et compositeur, un moment rival de Franz Liszt.

Émile PRUDENT, Jules SCHULHOFF : pianistes et compositeurs estimés à l'époque où écrit Jules Verne.

Guillaume Tell : opéra de Rossini, composé en 1829.

Robert le Diable : opéra de Meyerbeer, composé en 1831.

Louis Joseph HÉROLD : compositeur lyrique.

Daniel François Esprit AUBERT : compositeur lyrique.

Félicien DAVID : compositeur français, membre de l'ordre saint-simonien jusqu'à sa dissolution en 1833, voyage ensuite au Moyen-Orient. Admiré par Berlioz, il a été l'objet d'un véritable culte dès l'exécution de son *Désert*, suivi d'un oubli assez rapide.

Victor MASSÉ : compositeur d'opéras (*Paul et Virginie*, notamment) et d'opérette (*Les Noces de Jeannette*). Seule cette dernière œuvre a un peu survécu à l'oubli.

« Enfin Wagner be vint » : jeu de mots saugrenu et savoureux sur le vers célèbre de Boileau dans *L'Art poétique* : « Enfin Malherbe vint ».

Chapitre X

Ce chapitre éclaire de façon très curieuse les goûts et les affinités littéraires de Jules Verne et révèle sa relation avec son éditeur, P.J. Hetzel. Jules Verne tente ici de créer une connivence avec lui et de s'en faire reconnaître comme un connaisseur averti des milieux littéraires du temps. Éditeur de Hugo, Balzac, George Sand, Musset, Baudelaire, Hetzel était un homme respecté, qui entretenait avec la plupart des écrivains de son époque des relations d'amitié parfois scellées par la solidarité de l'exil ou de l'opposition au Second Empire. Visiblement peu au fait des nuances et des complexités de ce réseau intellectuel et amical, Jules Verne tranche avec assurance, et multiplie les éloges hyperboliques de ceux qu'il croit proches de l'éditeur et exécute étourdiment les autres. Il agace au bout du compte celui dont il cherche tant à se faire connaître, comme en témoignent les annotations de l'éditeur en marge de son manuscrit et sa lettre de refus.

Jacques AMYOT : écrivain français de la Renaissance, auteur notamment de la traduction de Plutarque et de Longus.

Mathurin RÉGNIER : écrivain français du XVIᵉ siècle, auteur de *Satires* et d'*Épîtres*.

ANCILLON : famille de protestants français émigrés en Allemagne après la révocation de l'Édit de Nantes, et qui a produit plusieurs générations d'écrivains, historiens ou hommes politiques.

Joseph PRUDHOMME : personnage créé par l'écrivain Henri-Bonaventure Monnier dans *Grandeur et décadence de M. Joseph Prudhomme* (1853). Type du bourgeois sentencieux et content de lui.

Vincent VOITURE : poète et écrivain français, une des figures du courant précieux du XVIIᵉ siècle, considéré à l'époque de Jules Verne comme l'archétype du faiseur de mots d'esprits alambiqués.

Charles NODIER : un des premiers écrivains romantiques français, proche de l'esprit du romantisme allemand.

Pierre-Jean de BÉRANGER : auteur de chansons patriotiques d'inspiration libérale et napoléonienne, dont la popularité fut immense sous la Restauration.

Saint-Point : village du Mâconnais où se trouvait le château de Lamartine.

Jules JANIN : romancier et critique, ami de Hetzel.

Charles MONSELET : journaliste, littérateur et gastronome. Auteur d'un *Almanach des gourmands*, ami de Hetzel.

Frédéric SOULIÉ : romancier et auteur dramatique, ami de Hetzel.

Léon GOZLAN : journaliste et littérateur français, ancien secrétaire de Balzac, auteur de romans (*Les Émotions de Polydore Marasquin*) et de comédies. Proche de Hetzel.

Prosper MÉRIMÉE : le commentaire acide de Jules Verne (*un général d'antichambre*) vise peut-être son ralliement au Second Empire. Mérimée fut l'un des plus proches familiers de la cour impériale.

SAINTE-BEUVE : cité ici par Jules Verne avec une ironie assez dédaigneuse, il est cependant en termes très cordiaux avec P.J. Hetzel.

Étienne ARAGO : chimiste, puis littérateur et auteur de vaudevilles, républicain convaincu, maire de Paris à la chute du Second Empire.

Victor COUSIN : philosophe français, professeur d'histoire de la philosophie à la Sorbonne dès 1828, puis académicien, pair de France et ministre de l'Instruction publique sous la monarchie de Juillet, contraint à la retraite après le coup d'État du 2 décembre 1851.

Pierre LEROUX : un des principaux penseurs du socialisme français au XIXe siècle, très admiré de Hugo et de George Sand. Fondateur du journal *le Globe*, passagèrement converti au saint-simonisme en 1830, très actif en 1848, il fait partie des proscrits du 2 décembre 1851.

Ernest RENAN : philosophe et écrivain, professeur d'hébreu au Collège de France en 1862. La publication de *La Vie de Jésus*, qui replace le Christ dans son contexte historique et dans ses dimensions humaines, déclenche contre lui une campagne des milieux catholiques d'une violence telle qu'elle aboutit à sa révocation du Collège de France en 1864.

Émile de GIRARDIN : journaliste, fondateur de *la Presse* en 1836, polémiste brillant. Une des figures les plus marquantes de l'histoire du journalisme en France.

Louis VEUILLOT : journaliste catholique et polémiste fougueux mais respecté pour son intégrité.

François GUIZOT : historien de premier plan, homme politique. De 1840 à 1848, Premier ministre de Louis-Philippe. Son austérité et son intransigeance à l'égard du parti libéral contribuèrent sans doute à la crise de 1848 et à la chute de la monarchie de Juillet.

Adolphe THIERS : Premier ministre de Louis-Philippe de 1836 à 1840. En 1871, il devient chef de l'exécutif, puis président de la République provisoire. Son *Histoire de la Révolution française* (1824-1827), qui sera suivie trente ans plus tard d'une *Histoire du Premier Empire*, lui vaudra une célébrité durable d'historien au XIXe siècle.

Claude Antoine NORIAC : littérateur et auteur dramatique, un des directeurs du théâtre des Variétés, puis directeur des Bouffes Parisiens en 1867. Il est effectivement l'auteur, en 1860, d'un ouvrage intitulé *La Bêtise humaine*, alors que Flaubert mûrissait encore son projet d'une *Encyclopédie de la bêtise humaine* qui devait aboutir à *Bouvard et Pécuchet*.

Alfred Assolant : auteur notamment des *Aventures du capitaine Corcoran*, resté un classique de la littérature pour la jeunesse.

Paradol : il s'agit certainement de Lucien Anatole Prévost-Paradol, écrivain et publiciste politique, journaliste d'opposition au Second Empire, rallié tardivement, qui se donna la mort en 1870 à l'annonce de la déclaration de guerre à la Prusse alors qu'il était ministre de France à Washington.

Aurélien Scholl : chroniqueur et romancier. Proche de Hetzel.

Edmond About : écrivain brillant et caustique, dont on retient encore aujourd'hui *Le Roi des Montagnes* et *L'Homme à l'oreille cassée*. Proche de Hetzel.

Francisque Sarcey : critique théâtral au journal *Le Temps*, il fut une figure familière de la vie intellectuelle parisienne pendant plus de quarante ans. Reconnu dès ses débuts par P.J. Hetzel.

Ernest Feydeau : auteur dramatique, poète, romancier, père du vaudevilliste Georges Feydeau.

Jean-Baptiste Louvet de Couvrai : romancier et homme politique du XVIIIᵉ siècle. Auteur notamment d'un célèbre roman licencieux, *Les Aventures du chevalier de Faublas*.

Champfleury (Jules Husson, dit) : critique et romancier. Figure importante et curieuse qui s'engage dès le début des années 1850 dans un combat pour le réalisme dans la littérature mais aussi dans les arts plastiques où il soutient Courbet et publie un essai sur les frères Le Nain. Relations très cordiales avec P.J. Hetzel.

Jean Macé : de famille pauvre, Jean Macé se destine à l'enseignement primaire, devient journaliste après 1848 et développe ses conceptions de l'enseignement. Établi en Alsace après le 2 décembre 1851, il rencontre Hetzel avec qui il fondera le « Magasin d'éducation et de récréation » en 1864. Fondateur de la Ligue française de l'Enseignement en 1866. Auteur en 1861 du roman pédagogique *Histoire d'une bouchée de pain*. L'éloge appuyé que Jules Verne en fait, comme de tous les amis d'Hetzel, ne semble pas atteindre son but, puisque celui-ci note précisément à cet endroit en marge du manuscrit : « je trouve toute cette revue puérile »...

Joseph Méry : poète, romancier, auteur dramatique fécond et souvent paradoxal.

P.J. Stahl : ce fut le nom de plume de Hetzel lui-même, qui l'édita bien évidemment très « soigneusement ».

Arsène Houssaye : journaliste, critique, romancier. Auteur fertile et aimable, cherchant souvent le mot d'esprit, d'où le commentaire acide de Verne qui le rapproche des précieux du XVII⁰ siècle.

Paul Bins, comte de Saint-Victor : écrivain et critique littéraire. Effectivement réputé pour son style parfois excessivement fastueux...

Chapitre XI

Le *Great Eastern* : bizarrement orthographié *Great Esthern* par Jules Verne, ce paquebot légendaire de 110 mètres de long resta longtemps le plus grand du monde, et servit encore en 1865-1866 à l'immersion du câble télégraphique joignant l'Europe à l'Amérique. C'est à cette époque que Jules Verne y accomplit une traversée de l'Atlantique qui lui inspira *Une ville flottante*.

Chapitre XII

La bataille des Amalécites : épisode tiré de l'Ancien Testament, Exode, 17, 12.

Chapitre XIII

Les oiseaux de Zeuxis : histoire proverbiale sur le peintre grec Zeuxis (464-398 av. J.-C.). Son habileté était telle, disait-on, que lorsqu'il peignait une grappe de raisins, les oiseaux venaient tenter de les picorer.

« Après tout, c'était un auvergnat... » : il faut se souvenir que dans le théâtre de boulevard et le vaudeville, notamment, les personnages d'auvergnats, porteurs d'eau ou marchands de charbon, étaient chargés d'égayer le public par leur accent, leur grossièreté rustique et leur rapacité naïve.

« La jument de Roland » : parée proverbialement de toutes les vertus, il ne lui manquait, disait-on... que d'exister.

Chapitre XIV

François Ponsard : auteur dramatique, ami de Jules Hetzel.

Émile Augier : auteur dramatique en vogue. Auteur notamment de *Gabrielle*, cité plus bas.

Victorien Sardou : auteur dramatique (*Madame Sans-Gêne, La Tosca*, ainsi que *Nos intimes*, cité plus bas).

Théodore Barrière : vaudevilliste prolifique, auteur notamment de *Calino*, cité plus haut.

Paul Meurice : littérateur et dramaturge, proche de Victor Hugo.

Auguste Vacquerie : littérateur et auteur dramatique, frère d'un gendre de Victor Hugo.

Le Demi-monde de Dumas fils, *Gabrielle* d'Émile Augier, *Nos intimes* de Victorien Sardou se trouvent ici curieusement « retournés » pour satisfaire les goûts du public en 1960 : des personnages féminins, notamment, Jules Verne fait ici des personnages masculins, et vice versa, selon les critères d'un féminisme dont la vision le fait visiblement frémir.

Ce mécanisme de « retournement » mérite quelques éclaircissements. Voici les éléments d'intrigue correspondant aux adaptations réalisées par le « Grand Entrepôt Dramatique » dans *Paris au xxe siècle* :

– *Le Demi-monde*, de Dumas fils, fut un grand succès de scène. La perverse Madame d'Ange attire dans ses filets le candide Nanjac, et seule l'intervention de son fidèle ami Jalin, ancien amant de Madame d'Ange, sauve celui-ci d'une union déplorable. À noter que les commentaires de l'époque s'étonnaient de « ce monde de femmes mariées dont on ne voit jamais les hommes », formule retournée facétieusement par Jules Verne.

– *Gabrielle* est une comédie en alexandrins d'Émile Augier. Gabrielle, mariée à l'austère et travailleur Julien Chabrière, avoué de son métier, s'ennuie ferme et bovaryse dangereusement, jusqu'à consentir à quitter mari et enfants au bras du jeune Stéphane. Devinant son projet, l'avoué révèle à la fois sa grandeur d'âme et sa maturité de chef de famille en faisant aux deux coupables un sermon voilé mais éloquent sur les déchéances qui attendent la femme adultère. Gabrielle, bouleversée, renonce à son projet, congédie le séducteur, et retombe dans les bras de son époux en s'écriant « Ô père de famille ! ô poète ! je t'aime ! »

– *Nos intimes* de Victorien Sardou est une comédie assez ingénieusement bâtie sur le thème de la véritable et de la fausse amitié. Malgré les avertissements désabusés de son ami Tholozan, médecin sceptique et apparemment misanthrope, le naïf et cordial Caussade invite dans sa propriété de Ville-d'Avray des connaissances de fraîche date qu'il considère comme ses amis. Tous rivaliseront vite d'ingratitude et de goujaterie à son égard, et le jeune Maurice en particulier, qui convoite sa femme Cécile jusqu'à une scène croustillante où il tente de la forcer, après avoir cassé le cordon de la sonnette pour l'empêcher d'appeler à son secours. La pièce se termine par une pirouette, Caussade manifestant l'intention de se suicider lorsqu'il craint une infidélité de Cécile. Un coup de feu part dans les coulisses... et Caussade revient, ravi d'avoir enfin tué un renard qui dévastait sa basse-cour.

Amazampo ou la découverte du Quinquina : pièce d'Adolphe LEMOINE-MONTIGNY, imprimée en 1836.

Vie et opinions de Tristram Shundy : Verne cite à plusieurs reprises l'œuvre de Laurence STERNE (1713-1768).

L'allusion de Verne vise ici, dans les éditions actuelles, le chapitre 27 du livre IV, particulièrement truculent, dans la veine la plus rabelaisienne de Sterne, et commence ainsi : « Foutre !... Foutre ! prononça Phutatorius... » Le sieur Phutatorius, dont le nom signifie à peu près « qui s'adonne à la copulation », vient en effet de laisser tomber une châtaigne grillée encore brûlante dans sa braguette laissée ouverte par inadvertance... On comprend que le chaste Michel se refuse à construire une pièce sur un tel point de départ, comme on comprend d'ailleurs l'annotation stupéfaite de Hetzel en marge du manuscrit à cet endroit : « vous êtes toqué ! »

Chapitre XVI

Si la possibilité de l'éclairage des rues à l'électricité était pressentie depuis la production du premier arc électrique par Davy (1778-1829), sa généralisation ne se fit vraiment qu'à la fin du siècle avec la mise au point des ampoules à incandescence de type Edison, qui supplantèrent les candélabres à arc, puissants mais d'un fonctionnement délicat. On peut noter qu'en 1861, à titre expérimental, une lampe électrique à arc, alimentée par un moteur de trois chevaux, avait été installée au-dessus de la porte du Palais-

Royal à Paris, où sa lumière, paraît-il, supplantait tous les becs de gaz de la place. Toujours à titre expérimental, on utilise des projecteurs à arc pour éclairer de nuit les travaux de construction de l'Hôtel du Louvre, puis ceux de l'exposition de 1867. Les premières utilisations régulières de l'éclairage électrique se font à partir de 1885.

Gustave FLOURENS : très brillant universitaire, suppléant de son père au Collège de France à la chaire d'histoire naturelle dès 1863, à l'âge de vingt-cinq ans, engagé dans la Commune en 1871, tué pendant un combat contre les troupes versaillaises.

Benoît FOURNEYRON : ingénieur et homme politique, inventeur de la turbine hydraulique qui porte son nom en 1834.

KOECHLIN : famille d'indutriels français.

« ... un procédé hongrois » : taquinerie sur Franz Liszt, bien sûr, dont la virtuosité légendaire défiait l'entendement...

Chapitre XVII

La « Grecostasis » au Forum romain était le lieu où l'on faisait attendre les députations étrangères au Sénat de Rome.

Luigi CHERUBINI : compositeur né à Florence, directeur du Conservatoire de Paris en 1821, auteur notamment de *Médée*.

François Antoine HABENECK : compositeur, chef d'orchestre illustre, fondateur de la société des Concerts du Conservatoire, introducteur principal de l'œuvre symphonique de Beethoven en France.

Ernest REYER : compositeur lyrique français, auteur notamment de *Sigurd*.

Jacques Antoine MANUEL : homme politique français, député sous la Restauration, devenu le symbole de l'opposition libérale à la première Restauration après son expulsion de la Chambre des députés pendant un débat houleux sur la guerre d'Espagne en 1823.

Maximilien FOY : général français, député en 1819 et en 1824. Comme MANUEL, devenu une figure emblématique de l'opposition libérale sous la première Restauration.

James PRADIER : sculpteur français, auteur en particulier des deux muses de la fontaine Molière à Paris, et d'œuvres à thème mythologique.

Marc Antoine Désaugiers : vaudevilliste français.

Gaspard Monge : géomètre, principal fondateur de l'École Polytechnique.

Antoine Étex : sculpteur et architecte français. Auteur d'un des reliefs de l'arc de triomphe de l'Étoile, et de nombreux monuments funéraires, genre dans lequel il était particulièrement apprécié. Auteur d'un projet pour un « monument à vapeur » destiné à être érigé place de l'Europe, près de la gare Saint-Lazare...

François Vincent Raspail : biologiste et homme politique républicain, exilé jusqu'en 1863.

Louis François Clairville : vaudevilliste fertile et apprécié. Auteur notamment des *Cloches de Corneville*.

Adolphe Dennery : auteur fertile de mélodrames (*Les Deux Orphelines*)... et adaptateur en 1875 du *Tour du monde en quatre-vingts jours* de Jules Verne.

Casimir Delavigne : dramaturge, auteur notamment des *Vêpres siciliennes* (1819), de *Marino Faliero* (1829).

Eustache Bérat : chansonnier français.

Émile Souvestre : littérateur, romancier et auteur dramatique.

Édouard Plouvier : auteur dramatique.

Table

Imprimé en France sur Presse Offset par

BRODARD & TAUPIN

GROUPE CPI

La Flèche (Sarthe).
N° d'imprimeur : 30045 – Dépôt légal Éditeur : 60580-05/2005
Édition 09
LIBRAIRIE GÉNÉRALE FRANÇAISE – 31, rue de Fleurus – 75278 Paris cedex 06.

ISBN : 2 - 253 - 13941 - 6   ◈ 31/3941/7